U0817597

# 哲学一下
# 就有好事发生

ざっくりわかる8コマ哲学

〔日〕小川仁志 著 〔日〕阿豆 绘
施明喆 译

山東文藝出版社

果麦文化 出品

欢迎进入
笑到停不下来的
哲学之旅

## 哲学是什么呢?

这个世界上最难以亲近的学问，便是哲学。虽说突然冒出这么一句话感觉像是在自嘲，但事实就是如此。

所谓的哲学，其实就是“为什么”。一言以蔽之，它是探究事物本质的学问，是对事物最重要部分的发现。

**若问为什么要探究哲学，那是因为我们可以通过哲学获得各种各样的收益。无论任何事，只要你知晓了它最重要的部分，你总能获益**。这样一说，大家是不是开始想要了解哲学了呢?

但问题在于，哲学活动格外困难。我总是在说，你只需要“质疑理所当然”“改变观察视角”“重组事物要素”就好。这样写出来，确实好像简单又普通，但不管是“质疑理所当然”“改变观察视角”还是“重组事物要素”，哪一件都殊为不易。

所以，学习历史上的哲学家们所探究出的思考方法，是很有意义的。

这便是这本通过漫画轻松讲解哲学的小书之目的所在。

**小川先生**

小川仁志，日本哲学家。山口大学国际综合科学部教授。研究方向为公共哲学，有着与众不同的个人经历，活跃于各种媒体，著有多部著作。

## 哲学一下，就有这等好事发生？

我说过，学习哲学可以使我们获益良多。为了能让大家对哲学越来越感兴趣，我再略举一些例子。

**只要开始哲学活动，你就能够知晓事物的本质，也就是事物最重要的部分，从而解决烦恼和难题。**

**你会明白，爱一个人时最重要的事抑或不安的本质，甚至是社会无法良好发展的原因。因为哲学可以揭示一切。**

事实上，我此前曾在电视或者杂志上接受过各种各样的咨询，并利用哲学给予了咨询者们诸多有效建议。现在，我也在通过哲学帮助企业和地方政府解决问题。

怎么样？这大概可以让你知晓哲学会如何使人受益了吧？

此外，我在这本书的内容里穿插进了许多关于“哲学一下，就有这等好事发生”的信息，只要你继续往下阅读，就一定能有所收获。

祝阅读愉快。

2022 年 7 月吉日　小川仁志

**阿豆**

**漫画家。与众不同的切入点是她的漫画特色。此前没有学习过哲学，是一位居住在北海道的单身妈妈，养育有三个孩子。**

从哲学的起源到现代哲学，跟着这本书一口气看懂

# 哲学史路线图

## 第1章 古代～中世纪哲学 公元前5世纪前后

「开始追问世界本原的时代」

**希腊哲学**

哲学之父
**苏格拉底**
（公元前469？～前399）

理念和爱欲
**柏拉图**
（公元前427？～前347？）

万学之祖
**亚里士多德**
（公元前384～前322）

**斯多葛学派**

禁欲主义
**爱比克泰德**
（55？～135？）

**经院哲学**

经院哲学的完成者
**阿奎那**
（1225？～1274）

### 何谓世界

对世界的起源、人类的理想状态等问题进行思考的时代。中世纪基督教哲学诞生。

## 第2章 近代哲学 16～18世纪前后

「意识萌发生长的时代」

**道德家**

会思考的芦苇
**帕斯卡**
（1623～1662）

我何知
**蒙田**
（1533～1592）

**欧陆理性主义**

我思故我在
**笛卡尔**
（1596～1650）

泛神论
**斯宾诺莎**
（1632～1677）

**政治哲学**

一切人的战争
**霍布斯**
（1588～1679）

**英国经验主义**

英国经验主义的开创者
**培根**
（1561～1626）

自然权利
**洛克**
（1632～1704）

感知一元论
**贝克莱**
（1685～1753）

一束知觉
**休谟**
（1711～1776）

### 何谓人

经由文艺复兴，再度将目光聚焦于人类的时代，展开了关于人类本质的议论。

## 第3章 近代哲学 18～19世纪前后

「质问社会生活意义的时代」

功利主义

最大多数人的最大幸福
**边沁**
（1748～1832）

质的功利主义
**穆勒**
（1806～1873）

法国启蒙思想

社会契约论
**卢梭**
（1712～1778）

德国唯心主义

批判哲学
**康德**
（1724～1804）

同一哲学
**谢林**
（1775～1854）

德国唯心主义的完成者
**黑格尔**
（1770～1831）

生命哲学

悲观主义
**叔本华**
（1788～1860）

生存哲学

超人
**尼采**
（1844～1900）

政治哲学

社会主义
**马克思**
（1818～1883）

### 何谓理性

关于个人自由、国家的思考方式等得到发展，哲学辉煌闪耀的时代。

## 第4章 现代哲学（第一部分） 19～20世纪

「思考动荡世界的时代」

生命哲学

纯粹绵延
**柏格森**
（1859～1941）

存在哲学

存在
**海德格尔**
（1889～1976）

存在主义

存在主义
**萨特**
（1905～1980）

现象学

身体理论
**梅洛-庞蒂**
（1908～1961）

他者
**列维纳斯**
（1906～1995）

分析哲学

语言游戏
**维特根斯坦**
（1889～1951）

### 何谓语言

受到两次世界大战的影响，哲学开始了全新的考察。

## 第5章 现代哲学（第二部分） 20～21世纪

「意图开创新世界的时代」

实用主义

工具主义
**杜威**
（1895～1952）

公共哲学

行动
**阿伦特**
（1906～1975）

结构主义

结构主义
**列维-斯特劳斯**
（1908～2009）

后结构主义

后结构主义
**福柯**
（1926～1984）

解构
**德里达**
（1930～2004）

生成
**德勒兹**
（1925～1995）

### 多样化世界的未来

“二战”后，世界中心移向美国，现代思想在法国得到发展。

## 第1章 古代~中世纪哲学 | 开始追问世界本原的时代



## 第2章 近代哲学 | 意识萌发生长的时代

## 第5章 现代哲学 第二部分 | 意图创造新世界的时代

第1章

古代～中世纪哲学

# 开始追问世界本原的时代

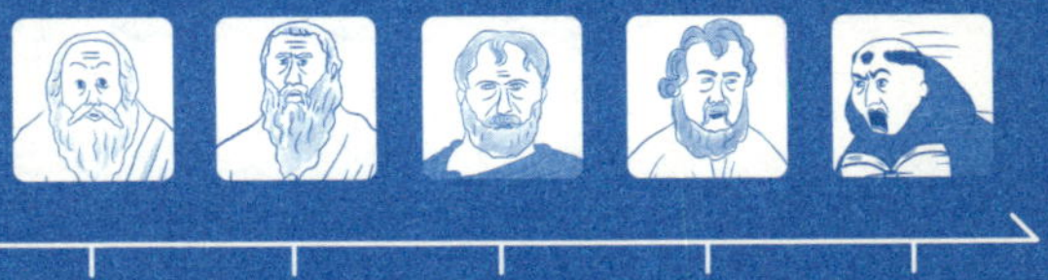


世界的本原是什么？

第 1 章

古代~中世纪哲学

开始追问世界本原的时代

## 苏格拉底

# 我知道『我一无所知』

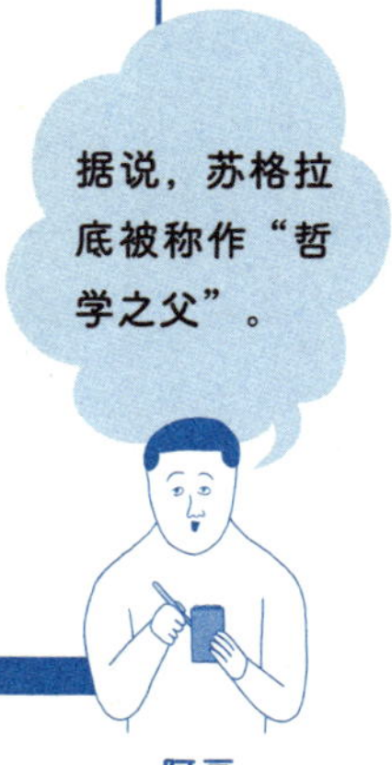


阿豆

## 苏格拉底的辩证法

## 苏格拉底是谁？

**苏格拉底**

生活年代：公元前469年？—前399年

主要活跃地：希腊

分类：希腊哲学

主要著作：无

古希腊的哲学家，被誉为“哲学之父”。以辩证法探究真理，没有任何著作留传后世。

“杠”个不停的苏格拉底，简直就像有“中二病[1]”。不过，并不是因为苏格拉底不正常，他的“杠”其实是一种基本的哲学方法，称作“辩证法”。通过提问，事物的本质会得以显现。正是因为苏格拉底敢于将问题抛向理所当然的存在，他才能洞察到不可见的事理，并因此变得比别人更有智慧。

小川先生

# 无知之知

## 为何反而是“不知道”更好

### 在城邦里问个不停

苏格拉底不停地用辩证法提着问题。他为什么要开始做这件事呢?

那是因为某一天，苏格拉底听闻有神谕降示，说他是最聪明的人。“开什么玩笑？”苏格拉底心想，为了确认神谕说的究竟是真是假，他便满城寻找被视为“城邦贤者”的人提问。

随即，他便发现了一个令人震惊的事实——大家其实都不怎么知晓事理，不过都是在不懂装懂。

苏格拉底因此得到了两个结论：如自己这般谦虚地承认自己一无所知，然后不断地提问，人就能学到越来越多的新知；**而人越是提问，就越能变得比他人更有智慧**。这便是“无知之知”。

从那以后，苏格拉底便开始在街头巷尾拉住年轻人，不停地询问他们诸如“小伙子，你可知道自由的定义是什么”“什么是爱”之类的问题。

他可真是个烦人的老头儿啊！简直就像只牛虻！

不过，年轻人们倒是完全被苏格拉底的人格魅力折服，甚至于浑身发麻。

他仿佛更像一条电鳗。

顺带一提，其实“牛虻”和“电鳗”都是苏格拉底当时的外号。这位能把人给“电晕”的老头儿，真的像一位“老摇滚”[2]。

## “老摇滚”的摇滚式谢幕

苏格拉底人生最高潮的一幕，上演在广场上的摇滚演唱会上……噢，不对，是广场上的演讲中。

因为被苏格拉底质疑愚蠢，当时的雅典政治人物转而指控他腐蚀青年、不信神明，苏格拉底因此被送上了雅典法庭。但他反而在法庭之上以极其精彩激昂的演讲震慑住了所有听众。

“我就是上天赐予我们城邦的牛虻，一天到晚我都在烦你们、鼓励你们、说服你们、责怪你们……杀死我，这很容易，然后你们的余生就可以一直沉睡下去，除非上天出于仁慈又给你们派来一只像我一样的牛虻。”

只可惜，苏格拉底最终被判处死刑。在人生的最后时刻，苏格拉底从容地举起盛着毒药的酒杯，一饮而尽，就此成为传奇。

因为苏格拉底就是这样一个“老摇滚”，所以他没有留下哪怕一本著作。多亏了他的学生柏拉图收集了老师的言论，如今的我们也才能因为苏格拉底的声音而内心激荡。

我们仿佛还能听见他在发问：“现代人啊！你们躁起来了吗？！”

**辩证法的别名：** 苏格拉底不断地在用辩证法提问，因为通过提问，可以帮助被提问者自己寻找到答案。辩证法也因此被比喻为接生，亦称作“精神助产术”。

**一句话总结**

**反复提问，就能接近真理。**

第 1 章

古代~中世纪哲学

开始追问世界本原的时代

# 柏拉图

## ——如欲知晓事物本质，必须脱离肉体，以灵魂之眼洞见

阿豆

## ■ 真正的模样

## 柏拉图是谁?

**柏拉图**

生活年代：公元前427年？—前347年？

主要活跃地：希腊

分类：希腊哲学

主要著作：《会饮篇》《申辩篇》

古希腊哲学家。苏格拉底的学生，提倡把世界划分为完美的理想世界（理念世界）与现实世界（现象世界）的二元论。

这发型对人类来说还是有些为时过早了！柏拉图认为，事物的原初形象存在于被称作“理念世界”的理想世界中。你我日常所见到的，不过是原初形象的投影。那么，如何才能看见原初形象呢？柏拉图说，用肉眼是看不见的，只能用心灵之眼、灵魂之眼来观照。这种用灵魂之眼审视的方式，才是哲学思考。

小川先生

# 理念、爱欲
## 纯粹的精神之爱

### 现实世界是理想世界的投影

苏格拉底被判死刑后，28 岁的柏拉图对当时的政治体制彻底绝望，于是开始游遍意大利半岛、西西里岛、埃及、昔兰尼加等地以寻求知识。

据说他在 40 岁时结束旅行返回雅典，并在雅典城外西北角创立了柏拉图学院，这所学院成为西方最早的有完整组织的高等学府之一。

在学院中，柏拉图继承了苏格拉底的遗志，一鼓作气地将哲学升格成了一门独立学科。

他把事物的本质称作“理念”。**在柏拉图看来，理念不存在于现实世界中，而是存在于被称作“理念世界”的理想世界中，这就是为什么人们通常看不见事物的本质，因为你我所见到的只是本质的投影。**

柏拉图用了“洞穴之喻”来佐证这一观点。

有人被迫在山洞最深处面壁而坐，他无法直接看到山洞之外的事物，所能见到的只有映在洞壁上的投影。柏拉图说，这种状态就是我们的日常、我们的现实。

或许你会觉得，那扭过头看看不就好了吗？但洞穴里的人被捆缚住了，没有办法转头。噢？柏拉图的意思是连脖子都被绑住了？请不要吐槽这些小细节，因为“洞穴之喻”只是一个思想实验。

那么，在这种状况下，为了看见山洞之外的事物，我们到底应该怎么做才好呢？

除了开动脑筋，以思考来“看见”之外别无他法。所谓的哲学，其实也就是这样一种行为吧。

为了能“看见山洞之外的事物”，人需要有一种了解、得到“事物本质”的强烈欲望，柏拉图将这种欲望称作“爱欲”[3]。

## 柏拉图之爱是纯粹的爱

读到这里，我猜很多读者朋友可能要误会了。柏拉图的“爱欲”并不是性的欲望。“爱欲”本义所指的是类似对理想的憧憬之情。虽说爱情也是爱欲的一种，但柏拉图的“爱欲”里绝无悔恨纠结，毋宁说它是一种纯粹的存在，因为它是一种“渴望”。

所以人们才会把纯爱叫作“柏拉图式的爱情”，因为它意味着纯粹的精神之爱。然而，理想是永远触不可及的。也就是说，柏拉图的“爱欲”，本质上所指的是奋力追索永恒理想的欲念。而这也恰是永恒求知的哲学态度本身。

**洞穴之喻：**这是柏拉图在《理想国》第七卷中所做的著名比喻。山洞里有一名被捆绑着的囚犯，他背对着入口。囚犯坚信，映照在深处岩壁上的动物投影就是真实存在的生物。这个比喻的意思是，认为现实世界（现象世界）里的事物现象是真实存在的人们，就如同这名囚犯一样无知。

**一句话总结**

**事物的本质存在于理念世界，**
**现实世界不过是它的投影。**

第 1 章

古代~中世纪哲学

开始追问世界本原的时代

# 亚里士多德

# ——事物的本质存在于个别的现实之中

阿豆

## 刨根问底的亚里士多德

## 亚里士多德是谁?

**亚里士多德**

**生活年代：**公元前384年—前322年

**主要活跃地：**古希腊

**分类：**希腊哲学

**主要著作：**《形而上学》《尼各马可伦理学》

古希腊哲学家，柏拉图的学生。与奉行理想主义的柏拉图不同，他发展了现实主义的思想。

亚里士多德被誉为“万学之祖”，是一位极其伟大的人物。他对古希腊的各种知识进行了分类，并确立了它们的方法，哲学方法自然也不例外。尤为值得一提的是，亚里士多德认为，思考实体[4]在最初是如何存在的，并且追溯其原因非常重要，这便是被称作“四因说”的实体生成原因。

小川先生

# 中庸、“四因说”
## 何谓最好的选择

### 万事适度，取乎中庸

亚里士多德是柏拉图的学生，也因担任过亚历山大大帝的家庭教师而闻名于世。他是如此优秀，想必极具人望。

在晚年，亚里士多德还在希腊雅典的郊区创办了吕克昂学园，他深受众多学生的敬仰。

说起来，亚里士多德似乎非常重视共同体的建设。证据是，亚里士多德提倡古希腊“应该将城邦放在第一位”的伦理。他有一句名言——人是城邦的动物。

“城邦”指古希腊的城市国家。亚里士多德把人民在小共同体内彼此互助生活的状态视作理想，所以他非常看重作为互助伦理的“情谊”[5]。“情谊”，是一种也可以被译作“友爱”或者“博爱”的爱，你可以把它理解成是对同伴的情感。**在亚里士多德看来，在考虑同伴关系时，不应太过积极，也不应过于消极。**

**所以，他揭示了“适度”，也就是“中庸”的美德，万事万物适度为上。**不过看漫画里描绘的，他大概没办法对探索事物保持什么适度的原则……

### 一切实体都由四种因素构成

亚里士多德求索之心的具体表现之一，是他阐明了实体生成原因的理论，即“四因说”。

他认为，一切事物都有作为材料的“质料因”，可以称作原型的“形式因”，作为行动的“动力因”，以及作为最终目的和用途的“目的因”。

确实，感觉现实里的一切事物似乎都是由这“四因”所构成的。

“质料因”是造成它的原料，形式因规定了它的样态，“动力因”是它的制造者或者变化者；“目的因”则是造成它的理由。四因中最重要的是“形式因”。

亚里士多德的“形式”与柏拉图的“理念”一样，都写作“eidos”，是他们的哲学思想中最重要的部分。但区别在于，柏拉图认为理念存在于理念世界，它可以脱离个别事物而独立存在，即“一般在个别之外”，但是亚里士多德哲学的全部基础在于“形式”就存在于事物内部，即“一般在个别之中”。

虽然亚里士多德是理想主义者柏拉图的弟子，但他有着非常现实性的思考方式。文艺复兴时期的画家拉斐尔在名画《雅典学园》里描绘了这两位伟大的哲人站在中央争论不休的形象，仿佛是在象征他们的差异。

**事物的本质：**柏拉图认为事物的本质存在于理念世界，但亚里士多德认为事物的本质存在于个别事物（实体）中。他将实体的内在本质称作“形式”，素材称作“质料”。

**一句话总结**

**人间万事，适度为上。**

第 1 章

古代~中世纪哲学

开始追问世界本原的时代

# 爱比克泰德

# ——远离自我意志以外的事情，最好不要去想

阿豆

## 触不可及就别强求了

## 爱比克泰德是谁？

**爱比克泰德**

生活年代：55年？—135年？
主要活跃地：希腊
分类：斯多葛学派
主要著作：《爱比克泰德论说集》《手册》

崇尚禁欲主义的斯多葛学派哲学家。本为奴隶出身，后来获得自由并研修哲学，据说当时的皇帝都受到了他的教导。

烤肉口味的糖果确实有点……但这则漫画所描绘的，正是爱比克泰德的主张。他是一位推崇禁欲主义的哲学家，所以倡导通过积极抑制欲望来获得幸福的方法。如果你一直执着于烤肉，是无法获得幸福的。但因为吃到了烤肉味糖果而变得不幸，倒真不是他的错……

小川先生

# 不动心

## 如何才能得到内心的平静

### 奴隶出身的哲学家

你见过古罗马的宴会吗？它差不多是这种画面——侍者之类的人们将盛满菜肴的大盘顶在头上，依次行至宾客所在之处，就仿佛真人版的中餐旋转圆桌。

但问题在于，你必须一直等到你想吃的菜肴传到你面前来，中餐的旋转圆桌其实也是如此，这多少会让人有些焦躁。

在这种时刻，有一种方法可以压抑住欲求不满，就是让内心平静下来，这就是古希腊哲学家爱比克泰德的思想。

不过，为什么说到古希腊哲学家时会提到古罗马的宴会呢？因为虽说爱比克泰德的父母的确是古希腊人，但他却作为战俘被掠至罗马，沦为了一名奴隶。

换句话说，爱比克泰德是一位当过奴隶的哲学家，这无疑对他的思想产生了巨大的影响，因为奴隶必须忍受各种各样的事情，这也就是为什么他成为一名提倡禁欲主义的斯多葛学派哲学家。

斯多葛学派由腓尼基人芝诺创立，学派名称来自芝诺经常讲演的地点斯多葛柱廊。该学派主张“美德是唯一的善”，强调人们应当“抛弃愤怒、怨恨和妒忌”，并认为奴隶“也和别人是同样的人，因为所有人类都是自然的产物”。

## 最重要的是让内心平静下来

让我们说回前文的宴会。爱比克泰德说，直到你中意的食物到来，都不要表现出强烈的欲望。意思是，不属于你的东西，就算你去追求，最后也只能收获不幸。既然如此，还是用你面前所能得到的食物加以忍耐吧。

的确，这样倒是会让人平静下来，**比起因为得不到任何东西而焦躁，满足于所得到之物的人更接近幸福。毕竟，内心安稳是最好的状态，可以说，它有时甚至是比欲望得到满足还要令人快活的状态。**

大家是否也有这种后悔的经历呢：先是大吃了一顿，然后觉得实在是吃得太多了……

所以说，人生最好的选项就是姑且先平静下来，这就是斯多葛学派幸福观的内心平静。这种状态被称作“不动心”，也有类似克制欲望、清心寡欲的含义。它是斯多葛学派所追求的一种哲学理想，即通过对干扰性情绪的克制，达到一种没有感情或平静的状态，从而得到最大的内心宁静。

不过我猜，你还是想猛吃一顿烤肉对吧！通往“不动心”的道路感觉还很远呢……

**教导过皇帝的前奴隶：**爱比克泰德顶着奴隶之身在罗马帝国研习哲学，他的主人是尼禄皇帝的重臣。他在20多岁时获释，后来在希腊开办了学校，罗马帝国的哈德良皇帝曾到访求教。

**一句话总结**

**为使内心平静，你要放弃欲望。**

# 阿奎那
# ——
# 哲学是神学的婢女

阿豆

## ■ 啊，我的神啊

## 托马斯·阿奎那是谁?

**托马斯·阿奎那**

生活年代：1225年? —1274年
主要活跃地：意大利
分类：经院哲学
主要著作：《神学大全》

中世纪意大利神学家、哲学家，致力于融合亚里士多德哲学和基督教，被称作经院哲学的集大成者。

总之，托马斯·阿奎那一直在琢磨关于神[6]的问题。在当时，亚里士多德哲学被“出口转内销”引回了欧洲，非常引人关注。但人们担心它可能会影响到基督教的权威，于是阿奎那便站了出来，积极尝试调和这两种哲学。当然，并不是采取使哲学与基督教相结合的方式。

小川先生

# 存在的类比

## 神是怎样一种存在

### 哲学是服务于神学的思想吗

托马斯·阿奎那出身于意大利南部的贵族家庭，是一位身材魁梧、学识渊博的神学家。但我觉得他肯定对哲学一见钟情，不过这在彼时可是禁忌之爱，所以他必须用一些方法骗过神的眼睛。

能佐证这一点的，便是这句“哲学是神学的婢女”。虽说它意味着哲学不过是神学的使唤丫头，但这并非阿奎那的真意，倒不如说他想让哲学的独有意义得到适当的承认。

作为证据，由他主编的《神学大全》简直如同在用一种反映着亚里士多德逻辑论证的形式书写。因为他用哲学的语言改写了当时的基督教教义。

通过这种方式，阿奎那创建了一种被称作“经院哲学”的学术体系，以天主教有神论课程为基础，强调将信仰与理性结合。

毫无疑问，阿奎那的论述对象彻头彻尾都是神——“上帝是存在论的第一基础”，即毋庸置疑的最基础的存在。不过，为了说明这一结论，阿奎那使用了哲学的论证逻辑。

### 上帝是“存在”本身的本质

阿奎那最广为人知的，是被称作“存在的类比”的理论。他通过亚里士多德哲学体系与基督教体系的对比，发现了其中的共通性。但要注意，我们并不能因此就认为神和人类是可以放在同一次元进行比较的。

举例而言，即便我们可以从形式上证明“人类：神的存在 = 神：神的存在，但我们也不能说‘人类的存在等同于神的存在’”。因为神的本质不可估量。**作为有限存在的人类有认知极限，无法认识到作为无限存在的神的本质**。

在阿奎那看来，神是一切概念的绝对基础，其本质与存在是不可区别的。所以，当我们说“神是正确的”时，由于本质和存在不可区别，所以就意味着“神 = 正确”。

身为神的造物，我们只能通过类比去想象，而永远不可能完全清晰地区分“神”的一切。将本质和存在区分的方式会导致人永远无法理解“神”到底是什么。

所以只有神不同于包含人类在内的一切事物，被称作“存在”本身的本质。

**共相之争**：12世纪中叶，通过十字军东征，亚里士多德哲学从伊斯兰世界再度传入了以基督教文化为中心的欧洲，从而引发了一场争论：基督教或者亚里士多德哲学哪一方更正确，甚至“共相”是否存在的“共相之争”。

**一句话总结**

**神即存在本身。**
**神即“存在=本质”。**

专栏
1

# 古希腊哲学和中世纪基督教哲学

## ■ 哲学在古希腊诞生

一般认为，哲学在2000多年前诞生于古希腊。起初，他们尝试以理性来解释自然现象，随后试图阐明世界的起源，讨论有关宇宙的命题，这一类哲学家被称作自然哲学家。

在他们中，出现了一批思考人类的生活方式、社会的理想状态的哲学家，其中公认的第一人便是苏格拉底，所以他被誉为“哲学之父”。

的确，是苏格拉底率先按照怀疑、视角改变及重组的哲学步骤进行思考，可以说他是“开风气之先者”。

之后，因为苏格拉底的学生柏拉图和柏拉图的学生亚里士多德等人开办了哲学学校等，哲学家的数量迅速增长。古罗马时代也是如此，斯多葛学派的哲学家爱比克泰德也是这些传道授业群体中的一员。

## ■ 中世纪哲学毫无亮点？

到了中世纪，基督教进入了全盛时代，而永远质疑一切的哲学活动却逐步衰落。因为在基督教里，一切都是上帝的意志所为，毋庸置疑。但在这一时期，依然有一些人试图用一种整合的方式去解释基督教与哲学，托马斯·阿奎那这样的神学家就是典型。

即便如此，要想夺回原来的力量，哲学只能隐忍至中世纪末期。

**《雅典学园》（壁画）**
在画面中央举起手的是柏拉图，右侧为亚里士多德。

1 “中二病”，网络流行词，源于日本。“中二”即初中二年级。原指青春期少年特有的自以为是的思想、行动和价值观。后用来泛指那些自我意识过盛、狂妄，又觉得不被理解、自觉不幸的人。

2 “老摇滚”，日文为ロックなじいさん，字面意思为“摇滚式的老头”。作者之所以会使用这个比喻，一方面是用来形象化地描述苏格拉底的哲学思想与人格魅力对彼时希腊青年的偌大吸引力。另一方面也因为日语中形容触电麻痹和受刺激而激动、兴奋的词均可用しびれる，所以“老摇滚”和“电鳗”其实也有一种互相映照的关系。

3 Eros，原指古希腊神话中掌管人类繁衍的小爱神，在罗马神话里演变成了我们熟知的丘比特（Cupid）。柏拉图在《会饮篇》及《斐德罗篇》中，借苏格拉底对这位小爱神的讨论与赞颂，将它升格成了哲学的研究对象。Eros 是柏拉图哲学中非常独特且本质的一种概念。

4 在古希腊哲学中，亚里士多德第一次提出了“存在是什么”的问题，为了定义究竟什么是“存在”，亚里士多德把各种事物高度抽象成了十类“范畴”，“实体”就是其中最重要的一类范畴。没有“实体”，任何范畴都不能存在。亚里士多德认为，“实体”是“既不述说一个主体，也不依存于一个主体的东西”，从某种意义说，“实体”就是亚里士多德所认为的“存在的本身”或者“作为存在的存在”。对“实体”的研究是亚里士多德的“第一哲学”，也即我们所熟知的“形而上学”中最核心的问题。

5 philia，古希腊语。在古希腊的语境里，“爱”是一个拥有各种表达形式以及精确所指的概念，除柏拉图一节中提到的“爱欲”（eros）外，最常用的就是表现人与神祇之间神圣情感的“圣爱”（agape），以及本节所提到的 philia，这个词通常更多地被译成“情谊”，但需要注意的是，古希腊语境里的 philia 所指范围要远比我们现在所理解的“友谊”宽泛得多，亚里士多德是第一个对 philia 作出完备论述的哲学家。

6 在经院哲学的语境里，“神”（Deus）指的是基督教里的“上帝”。

第2章

近代哲学

# 意识萌发生长的时代

帕斯卡　会思考的芦苇

蒙田　我何知

笛卡尔　我思故我在

斯宾诺莎　泛神论

霍布斯　一切人的战争

培根　英国经验主义的开创者

洛克　自然权利

贝克莱　感知一元论

休谟　一束知觉

## 何谓人?

第 2 章

近代哲学

意识萌发生长的时代

# 帕斯卡

# ——人是一根会思考的芦苇

帕斯卡好像 39 岁就英年早逝了……

阿豆

## ■ 会思考的芦苇

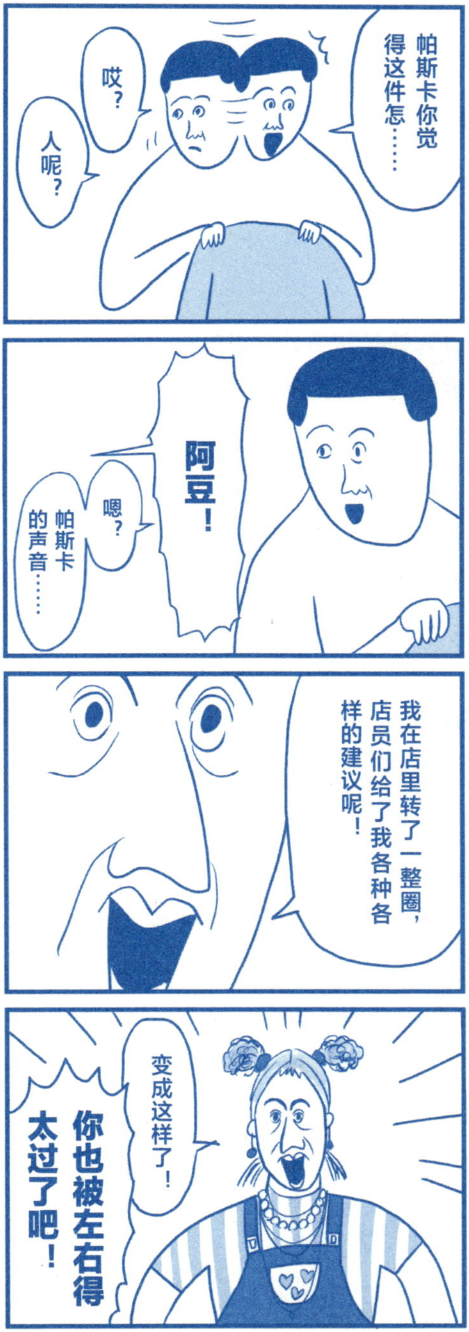


## 帕斯卡是谁？

**布莱士·帕斯卡**

生活年代：1623年—1662年
主要活跃地：法国
分类：道德家[1]
主要著作：《思想录》

法国思想家、数学家、物理学家。他的帕斯卡定律在数学界与物理界都享有盛名。是一位倡导道德生活方式的道德家。

芦苇是一种纤弱的植物。帕斯卡想表达的是，人是一种弱小的存在，就像芦苇一般，有风吹来便左摇右摆；稍微发生点什么事，就会迷茫，就会担心。但人和植物的区别在于，人拥有思考的能力。虽然人是弱小的，但越是思考就越会强大。我们更应该关注这种强大，并必须对它充满自信。

小川先生

# 会思考的芦苇

## 人类是纤细脆弱的存在吗

### 多愁善感且纤细的帕斯卡

帕斯卡内心非常细腻，每天都在苦恼于应该如何活着。所以年轻时的他，有时是个过着放荡不羁生活的浪荡子，有时又突然一头扎进哲学的世界，而且因为从小体质孱弱，他非常容易生病。

这就是为什么他非常重视自己的感性。当然，因为帕斯卡是一位哲学家，所以他认为最重要的事情就是思考。不过，对于“思考”一词的含义，他也进行过一番深思。

在当时，一提起“思考”，人们马上就会说出笛卡尔的名字。笛卡尔是一位很有影响力的哲学家，但因为他的“思考”是一种重视理性的唯理论方法，所以帕斯卡对他进行了激烈的批判，虽说其中有些表达只能认为他是在单纯地发泄吧……

但，这也能让你看出帕斯卡是多么重视发挥感性，对吧？

帕斯卡将这种感性称作“敏感性精神”，它意味着运用敏感的感性来思考。与此相对，他将笛卡尔的理性思维称作“几何学精神”，呼吁在思考中两者都是必需的。

他指出：“数学家总想用数学方法处理感性问题——从定义出发，套个定理，推导出结论，但这根本不是感性的运行方式，于是数学家们往往显得很可笑。这并不是说感性不做推理，它只是默默地、自然而然地进行着，不遵循任何技术性规则，这种推导超乎所有人的理解能力，只有少数人可以感知到。”

## 何谓会思考的芦苇

基于上述观点，帕斯卡所谓的“会思考的芦苇”一词，不仅仅是想表达人是像芦苇一样纤弱的存在，或许还意味着一种拥有“敏感性”的存在。

**试想，焦虑不安未必是件坏事，因为苦恼，所以我们思考，从而变得更强大**。反倒是那些一年到头嚷嚷着“烦也没用”的人，我真想问问，你们还好吗?

帕斯卡是以随笔形式书写哲学思考的“道德家”一派的代表，我猜他一定每天都无所事事、百无聊赖[2]地书写着他的忧愁，以及对忧愁的思考，就如兼好法师写作《徒然草》时一般。

事实上，帕斯卡的代表作《思想录》也是在他去世后，别人整理他的日常文字编订而成的遗稿集。

因为这本书里所写的都是对日常烦恼的絮叨、嗟叹、感悟，所以我们才能如此地为之共鸣吧!

**早熟的天才**：因为压强单位帕斯卡（Pa）为人所熟知的帕斯卡，作为数学家和科学家享誉盛名，帕斯卡十多岁时便已崭露头角，他发现了圆锥曲线定理、帕斯卡定律，创立了概率论，取得了诸多科学成就。

**一句话总结**

**人虽然是一种像芦苇般弱小的存在，但越是思考人就能变得越强。**

# 蒙田

## 我到底知道什么

阿豆

### ■ “好奇星人”蒙田

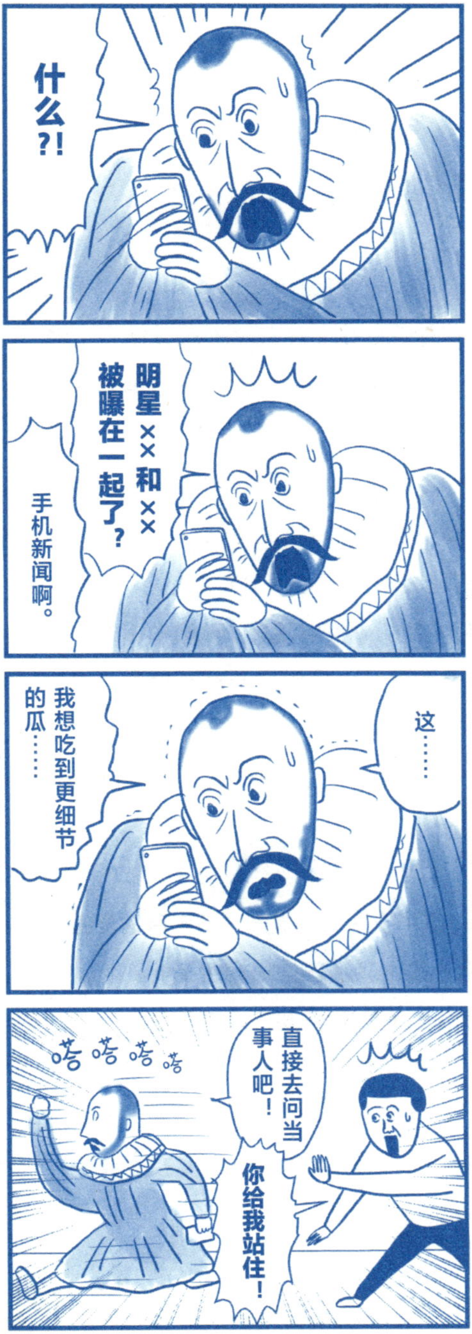


## 蒙田是谁?

**米歇尔·德·蒙田**

生活年代：1533年—1592年
主要活跃地：法国
分类：道德家
主要著作：《随笔集》

法国思想家、道德家。以随笔形式写成的著作《随笔集》，对近代哲学产生了很大的影响。

蒙田是位博学之士，他有本叫作《随笔集》的著作，如书名所示，是对各种各样主题的随笔汇编。但总的来说，蒙田想表达的是："即便我汇编了那么多的知识，但我真的能说自己了解事物吗？"所以漫画里也略微揶揄了这一点："你就不能自己琢磨吗？"

小川先生

# 我何知

## 何谓知道

### 只获得知识毫无意义

“我何知？”这是表现蒙田思想的关键词，来自法语 Que sais-je，意思是“我到底知道什么呢”，所以蒙田的思想被称作怀疑主义。

所谓怀疑主义，指一种怀疑事物的态度。但蒙田并没有怀疑一切，他所怀疑的是自己看待与思考事物的方式。为了做到这一点，人必须认真思考，说是推敲琢磨也不为过。

蒙田说，每个人都向外寻求知识，但他相反，他向内求知。为此，你就不能对外部获得的知识照单全收，一旦有所质疑，就必须重新考察研究。

### 质疑常识也可能有好处

蒙田 35 岁时，父亲去世，留下了一大笔遗产。两年后，蒙田辞退公职，回到家族的城堡里，过上了离群索居的生活。此后，他开始花大量时间写作，写下了为后世所熟知的《随笔集》，书中描绘了他对生活的种种反思，主题涵盖教育、知识、友谊、爱情等。

比如，关于父亲的责任，蒙田说过这样一种观点：每个人都在讲父亲应该保护他们的孩子，但是如果这么做了，父亲就会一直担心孩子，从而永远无法离开他们。

所以蒙田主张把担心变成期待，如此一来，即便你用同样的方式向孩子表达自己的爱意，它也会变成积极的形态，而非消极的形态，你就能够成为一名用温暖的目光保护孩子的家长。

他也曾表达过这样的观点：每个人都说交际很重要，但事实上，它占据了我们自己更多的时间；不过，即便是在聚会的地方，如果你沉浸在自我里，你也能够自由思考。

他在《随笔集》里写道：**“生命的用途并不在长短，而在我们怎样利用它**。许多人活的日子并不多，却活得很长久。”

蒙田的确是一位比任何人都更重视沉思时间的思想家，**一边假装听别人说话一边思考其他事情是需要技巧的，但如果你能很好地做到这一点，工作效率可能会变得更高**。

像蒙田这样，怀疑世间的常识，然后向自己发问，可能会给你带来种种好处，所以诸位不妨也试着问问自己：“我何知？”

**出身贵族，做过市长：**蒙田是法国波尔多附近的新兴贵族。他学习法学，在波尔多高等法院任职，其后还担任过四年波尔多市市长。当时的欧洲正陷于宗教战争（胡格诺战争）和鼠疫流行的苦难时代之中。

**一句话总结**

**只获得知识毫无意义，**
**要向那些知识问“我何知”。**

第 2 章

近代哲学
意识萌发生长
的时代

# 笛卡尔

# 我思故我在

笛卡尔被称作近代哲学的始祖，这是为什么呢？

## 一切都能怀疑？

## 笛卡尔是谁？

**勒内·笛卡尔**

生活年代：1596年—1650年
主要活跃地：法国
分类：欧陆理性主义
主要著作：《谈谈方法》《第一哲学沉思集》

法国哲学家，被誉为欧陆理性主义的始祖，名言是“我思，故我在”。

总之，笛卡尔是个彻底的怀疑者，因为他要找到永远不被怀疑的事物。如果有一些事物是不能被怀疑的，那它就是这个世界上思考事物时最确定的标准。这样一来，笛卡尔就意识到“我不能怀疑我正在怀疑”，也就是说自己的意识才是标准。这便是名言“我思，故我在”的诞生瞬间。

小川先生

# 以怀疑为方法、身心二元论

## 彻底的怀疑后能看见什么

### 这个世上绝对确定的事物

笛卡尔原本就有种要把一切都彻底究明的个性。他想彻底辨明的第一件事，就是这个世界上绝对确定的事物。

他通过一种被称作方法论上的怀疑的、彻底怀疑一切事物的策略，将思考推到了“等一下！我不能怀疑我正在怀疑”的高度。

**“我正在怀疑”，也就是我正在思考，只有它是真实不虚的，可以说是一种在此刻实际存在的绝对事物。**这就是“我思故我在”的正确含义，自从有了这个发现，笛卡尔便让意识称了王。

也就是说，除了意识之外，其他一切都不重要，无论是物体还是人的身体，这叫作身心二元论，即一种把身体和心灵完全分离开的思考方式。笛卡尔宣称，宇宙包含两种截然不同的实体，即心灵和身体。心灵被定义为思考，而身体被定义为物质和非思考，“人的身体和机械没有区别”。

虽说后来的哲学家们全力地反驳着这一观点，但他们还是没有办法完全驳倒笛卡尔的观点。确实，如果后世搭载着人工智能的机器人萌发出了自我意识，那就真的诚如他所言了——可怕的笛卡尔！

## 人悲伤时为什么会流泪

不过，笛卡尔也一直在思考悲伤时流泪的原因，其契机源于普法尔茨的伊丽莎白公主向他提出的疑问，但笛卡尔无法解释心灵和身体是如何连接的，它们明明应该互不相干。

所以笛卡尔也通过解剖等方法进行了一番研究，他倒是发现大脑中似乎有这样的机能存在。

笛卡尔认为人的心灵和身体虽然彼此独立，但因为存在于大脑中的松果体得以连接，人的心灵和身体才得以连接。这里也是人灵魂的主要位置所在。虽然最后结论还是错误的，但他也因为这一缘故，开始对情感产生了兴趣。

他彻底究明一切的习惯又冒了出来，像是“为何人会伤心”“为何人会愤怒”，最终，笛卡尔居然写出了一本应该被称作近代情感理论鼻祖的情感哲学著作《论灵魂的激情》。

何为意识？何为身体？何为感情？笛卡尔为这些对人类而言至关重要的问题给出了开创性的答案，作为近代哲学的始祖，他的名字将永远镌刻在历史之上。

**演绎法：**由笛卡尔创立的哲学方法论，这是一种以普遍的事实为前提导出结论的方法，三段论是它的代表。具体而言是这样一种论证方式：论点A“人终有一死”，论点B“笛卡尔是人”，论点C“所以笛卡尔有一天会死”。演绎法是欧陆理性主义的基础（见本书第62页）。

**一句话总结**

**这个世界上唯一确定的存在，只有自我的意识。**

第 2 章

近代哲学
意识萌发生长的时代

## 斯诺宾莎

# 除了神以外没有任何实体

斯诺宾莎好像靠磨制镜片为生。

阿豆

## ■ 世上的一切都是神

## 斯宾诺莎是谁？

**巴鲁赫·德·斯宾诺莎**

生活年代：1632年—1677年
主要活跃地：荷兰
分类：欧陆理性主义
主要著作：《伦理学》

荷兰哲学家，继笛卡尔之后的欧陆理性主义哲学家之一。后被开除犹太教教籍，隐居在阁楼小屋中写作。

斯宾诺莎的思想中充满了神，因为他认为一切都是神。这是一种叫作“泛神论”的观点。植物、动物、物体都是神，我们人类自然也是神的一部分。但只有神是实体，事物的存在不需要其他的基础。虽然日本也有所谓“八百万神”，即万物里都寄宿着神明，但斯宾诺莎认为的神要在它们之上。

小川先生

# 泛神论

## 世上一切都是神吗

### 神就是如同自然规律的存在

斯宾诺莎以一元论的方式看待这个世界，即一切都是神。其他的一切，包括人类在内，都是神的一种形态，即神的一部分只是用人类形象显现了出来。你、我、宠物狗都只是同一个神的一部分。

这样作为神的一部分存在的我们，有着生来注定的职责，即力求回归本初。所以我们需要“欲求”，你也可以叫它动力或者倾向，是一种可以帮助我们回到本来状态的力量。

**“欲求”的程度越强，事物就越是接近本质，也越接近“神”。**此外，斯诺宾莎还指出，它是人类情感的起源和基础，如果没有“欲求”，单靠自己的意志，人是无法做出具体行动的。

人必须好好地实现这一机能，但正如你从人身上所看到的，人会容易疲惫，会感到沮丧，会很难展现自己本来的力量。

斯诺宾莎所论的“神”，指这个世界上的一切，而非一位拥有强大力量的神祇。他说神即自然，神就是如同自然规律般的存在。

故而“欲求”也会如自然规律一般，无视人的意志发挥作用。所以仅凭自我的意志就想回到本来状态是不可能的。你应该想的是，要以某一种给定的条件为前提回到本来状态。

你要意识到，自己的意志里存在某种原因，说到底也就是神。换句话说，“欲求”在这个世界的巨大力量中发挥着作用。

这听起来仿佛是一种玄学，但好像也并不令人惊讶，**因为世界本来就不会因我们的意志而转移。认为世界会因为人的意志变化的观点才是巨大的错误。**

## 异于常识，何谓斯宾诺莎的自由

在给定的条件下履行自己生来注定的职责，斯宾诺莎将这称为“自由”。它听起来和我们所认为的自由概念简直天差地别，但如果说一切都是神，人类也只是神的一部分，那在理论层面上还是可以理解的吧。

他在《伦理学》中这样说道：“怯懦的人自以为依照自由意志而开小差，酒醉的人亦相信出于他的心灵的自由命令，他说出些他清醒时所不愿说的话。这样看来，疯人、空谈家、儿童以及其他类此的人，都相信他们的说话是出于心灵的自由命令，但事实上是因为他们没有力量去控制他们想说话的冲动。”

斯宾诺莎所描述的这种世界观，和近代以来我们所接受的世界观差异极大，但也因为如此，它有助于我们重新思考常识。

**身心平行论：**笛卡尔认为身体和心灵是不同的，但斯宾诺莎认为身体和心灵只是同一个神的两种样态，也就是说，它们只是存在形式有差异，但实体是同一种。这被称作身心平行论。

**一句话总结**

**人类的身体和精神是神的一部分，世界万事万物都是神的一部分。**

# 霍布斯

## 一切人对一切人的战争

### 自我的权利

## 霍布斯是谁？

**托马斯·霍布斯**

生活年代：1588年—1679年
主要活跃地：英国
分类：政治哲学
主要著作：《利维坦》

英国哲学家，将自由和平等视作人类的基本权利（自然权）；为避免“一切人对一切人的战争”，提倡社会契约。

霍布斯是最早提倡“社会契约论”的人。在他看来，人类是欲望的集合，如果置之不管，便会引发争斗，无法维持秩序。所以他建议，把自我的权利让渡给君主，如此一来，所有人便只能服从于君主。不过，它也可能会让人失去自由，这是一个问题，所以后来也出现了社会契约论的其他版本。

小川先生

# 社会契约论

## 如何建立国家

### 人在自然状态下会相互争斗

“人人相互为战！”“人对于人是狼！”这是霍布斯基本的人性论。也就是说，**因为人都会为了追求快乐而坚持自己的欲望，所以人才会彼此冲突**。这就是所谓的“自然状态”。人类也是一种生活在自然里的动物，所以也就会有许许多多的人，像是“穿着衣服的野兽”。

在霍布斯所描述的“自然状态”下，每个人都需要世界上的每一样东西，也就有对每一样东西的权利。但由于世界上的东西终究是有限的，权利并不会平等地分到每一个人手中，所以“所有人对所有人的战争”永远不会结束。也许有些人更强壮或更聪明，因而拥有更多的权利，但没有人会强壮到或聪明到不怕在暴力下死亡。当受到死亡威胁时，人必然会竭尽全力来保护自己。霍布斯认为保护自己免于暴力死亡就是人类最高的需要。

既然我们已经知道了这一点，那就应该首先达成共识，停止争斗，互相承认彼此的权利。这种共识被称作“自然法”，然而仅凭约定是不足的，你我都清楚，总会有背信弃义之辈存在。

### 用契约将自己的权利交给君主

所以接下来，还是把我们的权利委托给某一个人，让其拥有并控制巨大的力量比较好。那个人便是君主。

所有人都认为基于契约将自己的权利让渡给君主更好，这便是霍布斯的社会契约论。

这总比大家同归于尽了好吧？虽说这样就会使君主拥有堪比怪兽般的权利，但这也没有办法。

事实上，霍布斯的代表作《利维坦》（见本书第 62 页）的书名，就取自《圣经》中出现的海兽之名。

并且《利维坦》的封面上还画着一个巨大的国王，凝神细看，你会发现他穿着的王服是由无数的人拼缀成的，看起来简直就像《千与千寻》里吃完人后变大的无脸男，没准他真的就是。

不过，君主可不会像漫画中的霍布斯那样，呵斥大家“不可肆意放纵”。因为当时的君主可以随心所欲地支配权利，肆意妄为。

但基于霍布斯社会契约论的君主，与基于君主专制的荒唐君主还不一样，其越是基于民众的意志，就越是难缠。

因为人民自愿把所有权利都交给君主，无论他想要做什么，人民都必须服从，所以你不能批评和反驳他。

**君权神授说：**近代早期的欧洲一种强化君主专制的思想。君主的统治权来自神授，所以不可侵犯，但霍布斯的社会契约论在事实上成为对君主专制的一种拥护。

**一句话总结**

**如果众人通过契约将权利委托给君主，就能产生绝对的权利。**

# 培根
# 知识就是力量

## 培根的分析

## 培根是谁？

**弗朗西斯·培根**

生活年代：1561年—1626年
主要活跃地：英国
分类：英国经验主义
主要著作：《新工具论》

英国哲学家，通过实验与观察，创造出了能够推导出普遍原理的“归纳法”。因为重视具体经验的思考方式，被视作英国经验主义的始祖。

共同点是都在喝水，虽然真的很想吐槽“你是怎么观察出来的”，但这种观察的态度是很重要的。因为培根的确是通过观察，揭示了自然界的奥秘。各种各样的现象中存在共同点，如能将其归纳综合在一起，便可以从中发现普遍性的原则，这就是所谓的“归纳法”。

小川先生

# 归纳法

## 普遍性原则的推导方法

### 野心勃勃地钻研学问

培根出生于伦敦一个高级官员家庭。父亲尼古拉·培根爵士担任过伊丽莎白女王时代的掌玺大臣，是一位大法官，母亲则是一个博学多才的贵族妇女，其母的妹夫是伊丽莎白女王的重臣伯利勋爵。有了这种家庭背景和社会关系，再加上天资聪颖，培根早在孩提时代，就被伊丽莎白女王称为“我的小掌玺大臣”。

培根 12 岁入读剑桥大学三一学院，是一个非常有野心的人，虽然在政治的世界里已经非常成功，但培根并不满足于此，在学术的世界里，他也亮出了野心，甚至挑衅了伟大的哲学家亚里士多德，虽说人家都去世上千年了……

具体而言，培根批判了亚里士多德所建立的学术体系，并试图创建一种新的学术体系，他成功地做到了这一点，因而被誉为“近代学术之父”。他究竟“新”在何处呢？答案是新在方法论。

自亚里士多德以后，学术推重事理，但培根重视观察与实验，虽说这在如今看来理所当然，但这份理所当然其实是培根所缔造的。

### 应当质疑常识，进行观察与实验

本来，为了建立新思想，必须怀疑旧常识。但培根是以人类被偏见束缚为前提开始的。他把这种偏见称为“假象”，并说有四种假象存在，即意味着人性固有缺陷的“部落假象”、基于个人经验的“洞穴假象”、基于谣言的“市场假象”和起因于权威的“剧场假象”。

**质疑这四种假象，你才能开始着手观察和实验，也就是尝试看见真正的存在**。培根就是这样，通过重复实验和观察，最终发现了类似科学规律的结论。

这种思考方法被称为归纳法，它是后来英国经验主义的开端（见本书第51页）。虽然培根的哲学经常被这句“知识就是力量”所象征，但这里所谓的“知识”，意思是基于经验的正确知识。

培根说：“因此促进科学和技术发展的新科学方法，首先要求的就是去寻找新的原理、新的操作程序和新的事实。这类原理和事实可在技术知识中找到，也可在实验科学中找到。当我们理解了这些原理和知识以后，它们就会导致技术上和科学上的新应用。”

正是这种正确的知识，赐予了被自然现象所震慑的人类真正的力量。从那以后，人类开始拥有了名为科学与技术的力量，反而开始改变自然。

**假象的具体事例：**部落假象——如视觉错误等，因为人类共同的感觉所产生的误导；洞穴假象——陷入个人所接受的教育等导致的狭隘思维方式；市场假象——被网络上泛滥的言论误导；剧场假象——受到了电视或电影等媒体的影响。

**一句话总结**

**去除偏见，致力于观察和实验。**

# 洛克

## 初生的人类有着白纸般的心灵

阿豆

## 洛克的重要概念

## 洛克是谁？

**约翰·洛克**

生活年代：1632年—1704年
主要活跃地：英国
分类：英国经验主义
主要著作：《人类理解论》《政府论》

英国哲学家，被视作英国经验主义的集大成者，也因社会契约论广为人知。他将自然权利置于首要位置，并承认人民对侵犯自然权利的行为拥有抵抗权。

“拜坂”“白斑”“白板”！如果这些发音相似的词已经在你的脑海里打转，你就很容易听错呢。对于洛克来说，“白板”是一种非常重要的概念。从某种意义上来说，它意味着一个准备输入经验的心灵或场所。洛克认为，人是通过这种方法认识事物的。

小川先生

# 白板

## 人类的观念何时形成

### 经验被写在白纸般的心灵上

任何事情都是一种经验。没有经验，人就不可能认识事物。然而，以法国的笛卡尔为首，欧陆理性主义的哲学家们主张人们天生就有知识，这叫作“天赋观念”，而批判这一观点的便是英国经验主义的哲学家们。

洛克被誉为使英国经验主义集大成者。**他说，人的内心里有类似于白纸的，被称作“白板”的存在，我们所经历过的事情都被书写在了上面。**

的确，比如，我们在笔记本里记下所经历之事时，内心里也有同样写了一遍的感觉。

让我再稍微具体用洛克的观点说明一下人类获取知识的过程吧。

首先，我们用五感来捕捉事物，从而得到诸如坚硬、透明、冰冷等感觉，这被称为印象。当这些印象固定在我们的思维中，它们便被称为观念。

观念是各种各样的，虽然硬度、透明度、寒冷度之类各自作为简单观念固定在我们的思维中，但当它们合在一起时，就成为叫作“冰”的复杂观念。

还有，如果多个简单观念里存在共同要素，它们便会被称作“抽象观念”，透明、白、蓝，它们都是“颜色”。

## 用社会契约保护自然权利

虽然洛克在关于心理机制的哲学里留下了深深的足迹，但他最厉害的可不止如此，直到现代，在与社会机制有关的哲学领域，洛克的创想依旧在持续产生影响。这便是为了保护人与生俱来的“自然权利”而诞生的社会契约论。

为了保护每个人的权利，人民与国家之间需要契约，并且，人民和国家互相遵守契约，才能被视作契约成立。

洛克相信只有在取得被统治者的同意时，社会契约才会成立，如果缺乏了这种同意，那么人民便有推翻政府的权利。

他在《政府论》中说道：“为了正确地了解政治权利，并追溯它的起源，我们必须考究人类原来是什么样的自然状态。那是一种完备无缺的自由状态，他们在自然法则的范围内，按照他们认为合适的办法，决定他们的行动，处理他们的财产和人身，而无须得到任何人的许可或听命于任何人的意志。这也是一种平等的状态，在这种状态中，一切权利和管辖权都是相互的，没有一个人享有多于别人的权利。”**我相信，正是洛克这种对万事万物追本溯源的态度，才使得他在任何领域都获得了划时代的发现。**

**洛克的自然权利：**洛克认为个人具有生命、自由和财产（个人的产品物）的所有权，并认为这些所有权是自然权利。如果国家侵犯人民的自然权利，则人民也拥有抵抗权。

**一句话总结**

**人类的知识都是被经验所书写的。**

第2章

近代哲学

意识萌发生长的时代

# 贝克莱

## 存在即是被感知

阿豆

### ■一直盯着

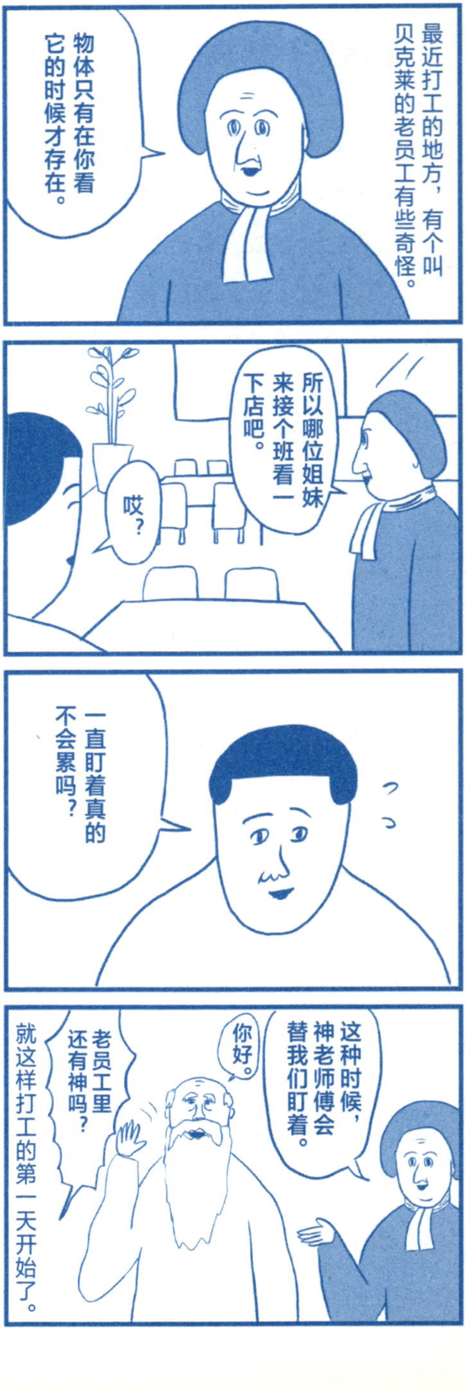

## 贝克莱是谁?

**乔治·贝克莱**

生活年代：1685年—1753年
主要活跃地：爱尔兰
分类：英国经验主义
主要著作：《人类认知原理》

爱尔兰哲学家，英国经验主义思想家之一，倡导事物“因为人类的感觉而存在”的感知一元论。

重要的东西不认真盯着就会不放心，因为觉得它可能会消失。所谓的监视大概也就是基于这种心理的行为吧？不过，从被监视者的角度来说，他可没有办法不在意视线。特别是吃饭的时候就别盯着了。总之，在思考事物的存在时，贝克莱会重视是否清晰可见之类的感知意义。

小川先生

# 感知一元论、主观唯心主义

## 所谓的感知是什么

### 因为感知所以存在吗

虽然贝克莱也是一位重视经验的哲学家，但对贝克莱而言，此处的经验，指的是感知。也就是说，他并不承认事物的存在，除非通过自身的感知得到确认，比如，看到或者摸到。

他在《人类认知原理》里说："世俗之见含着一种矛盾：人们有一种特别流行的主张，以为房屋、山川、河流，简言之，一切可感知的东西，都是一种自然的、真实的存在。上述对象只是我们借感官所感知的东西，而我们所感知的又只有我们的观念或感觉；既然如此，那么你要说这些观念会离开感知而存在，那不是矛盾吗？"

这就像坚持要用人质交换赎金的绑匪，在看到钱之前不会相信警察。嗯，这就是人类的心理，在实际看见之前到底没法安心……

所以贝克莱主张，**所谓的存在，就是被感知**。这是一种被称作"感知一元论"的观点，即一切存在都取决于感知。

可是这样一来，不观察的时候，事物就不存在。这好像让人觉得有点愚蠢。所以贝克莱说，在这种情况下上帝会代替我们观察。这个观点仿佛是在狡辩，但因为贝克莱是一位神学家，他也只能这样说了。

## 一切事物都存在于人的心中

不过，如果我们完全贯彻贝克莱的观点，一切就已经和上帝无关了。因为这个世界不存在超出人类感知范围的事物，这被称为“主观唯心主义”，所有事物都在感知中兴起、在感知中存在，换言之，万事万物都产生于人类的心中。

举个例子，即便你感知到了不明飞行物，并且确认了它的存在，但这也只意味着这种事实只是对你存在的，对其他人来说，不明飞行物实际上并不存在。

事实上，无论我们从那些确信自己看到了不明飞行物的人那里听到了多少故事，仅凭这些，还是没有办法相信有不明飞行物的存在，所以大家才会一直监视着天空，就像漫画里盯着饭菜的贝克莱。

啊！没准不明飞行物之所以很难现身，就是因为被大家一直盯着呢？

**伯克利市的由来：**哲学家贝克莱的名字，是美国加州伯克利市的市名由来。贝克莱想在当时的新大陆建立一所大学，但虽然他去了美国，最终还是因为资金方面的原因失败回国。后人为了纪念这位伟人，在学校迁入新址时，将新的大学城命名为“伯克利市”。

**一句话总结**

**我看见的事物才是存在的，**
**我看不见的事物，上帝会看见。**

第 2 章

近代哲学

意识萌发生长的时代

# 休谟

## 人是一束处于永远运动之中的知觉

说是休谟非常钦慕卢梭，但最后他俩还是决裂了。

阿豆

### 什么是束

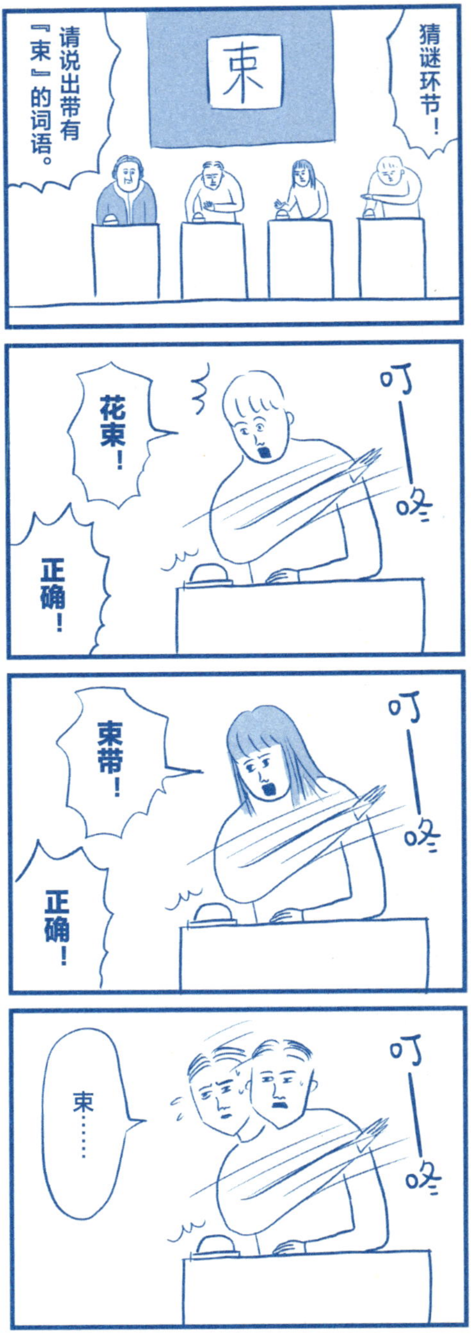

## 休谟是谁？

**大卫·休谟**

生活年代：1711年—1776年
主要活跃地：苏格兰
分类：英国经验主义
主要著作：《人性论》

苏格兰哲学家，继承了英国经验主义的思想，倡导怀疑主义。认为人类不过是一束知觉，实体是不存在的。

休谟的回答的确太长了！但如果要解释休谟所说的一束知觉，答案就会变得这么长。就算我能用一句话来概括一束知觉，大家可能也会反问我一句：“那是什么？”因为这是休谟独有的一种概念，人会感知到各种各样的东西，休谟把这些感知视作类似“一束”的存在，而这“一束”不是别的，正是“我”自己。我这个解释应该不长吧？

小川先生

# 一束知觉

## 何谓自我的存在

### 这个塑料瓶真的在这里吗

假设你面前有一个装着饮料的塑料瓶，大家的第一反应是什么？想尝尝？要做好垃圾回收？先看看瓶子有没有变形？想必反应大抵如此，但休谟的第一反应是完全不同的。

他会思考这个塑料瓶是否真在这里，虽然它明明就在眼前……他有点奇怪吧？**但这其实是合理的，因为休谟的哲学在某种意义上属于怀疑主义，一种将怀疑贯彻到底的思想。**

休谟最怀疑的是事物的存在问题。我们如何才能知道事物存在于彼处呢？摸到就能知道。但如果是那些摸不到的东西呢？它可能在一个箱子里，也或许在更远处。

那我们别无选择，只能依靠触觉以外的感知，比如，目视观察，分辨气味……我们对事物的印象便是这样得来的。

但这些印象都不是事物本身，颜色、气味等只是它们的属性，也就是说，我们并没有确认一个事物的实体存在，只是确认了它们的属性，而且这属性还只是个印象……

### 人类不过是一束知觉

换句话说，我们坚信是实体的，只是对其属性的印象罢了。它不是实体，只是我们的感知。如果贯彻这一观点，接下来会发生什么?

我们自己居然也不是作为实体的存在，只是彼时彼刻的种种知觉，虽然你可能无法相信，但你我只是一束知觉。

休谟说：“除非依靠一种特定的知觉，我们从来不可能有任何的意识；人只不过是由许多不同的知觉累积而成的一个集合，这些知觉永远处在一种快到无法想象的流动速度中而互相交替。”

也许就像漫画中休谟那个玩笑似的回答：我们的存在，不过是快乐、痛苦、疲惫和麻烦的集合罢了。

**因果关系是否存在：** 根据休谟的说法，因果关系（因果律）也是一种基于经验的偏见。例如，“触摸火就会觉得烫”是因为“直到目前为止，一触摸火就会觉得烫”。所以他主张，因果关系不过只是一种主观想象。

**一句话总结**

**所谓自己的存在，**
**只是那一刻的感知。**

专栏 2

# 人类登上舞台的时代——近代哲学

## ■ 文艺复兴和“欧陆理性主义”

随着中世纪的落幕，人类开始代替上帝登上了舞台，这就是所谓的文艺复兴。典型代表就是帕斯卡、蒙田等论述着人类自由精神的道德家，或者近代哲学的开创者，主张人类的意识才是世间唯一确定性存在的笛卡尔。

笛卡尔提倡“天赋观念”，他认为人类生来便有各种观念，也即具备了知识，斯宾诺莎与莱布尼茨追随并发展了笛卡尔的观点，因为他们都来自欧洲大陆，这种观点被称为欧陆理性主义。

## ■ 另一股潮流——“英国经验主义”

与欧陆理性主义针锋相对的，是起源于培根的经验主义。所谓经验主义，如字面意思，是一种重视经验的哲学。它认为人并非生来就有观念，而是通过经验获得的。由于培根以及后来者洛克、贝克莱、休谟都出生于英国周边，所以他们的观点被称作英国经验主义。

当时的欧洲，在这样两股潮流下，围绕着人类的本质展开了激烈的论辩。霍布斯、洛克等人从人类的本质出发，讨论到了人类要如何建立社会，这就诞生了社会契约论，这个为打倒君主专制而生的逻辑，是近代发展的另一侧面。

**《利维坦》上的国王（17世纪邮票）**
巨大的王服是由无数的人组成的。

第3章

近代哲学

# 质问社会生活意义的时代

边沁　最大多数人的最大幸福

穆勒　质的功利主义

卢梭　社会契约论

康德　批判哲学

谢林　同一哲学

黑格尔　德国唯心主义的完成者

叔本华　悲观主义

尼采　超人

马克思　社会主义

## 何谓理性？

第 3 章

近代哲学

质问社会生活意义的时代

# 边沁

## 最大多数人的最大幸福

阿豆

■ 国家的幸福

## 边沁是谁？

**杰里米·边沁**

生活年代：1748年—1832年

主要活跃地：英国

分类：功利主义

主要著作：《道德与立法原理引论》

英国思想家，功利主义的创始人，揭示了功利性的原理，提倡为了实现幸福的社会，要将效用最大化。

太空旅行如今也逐渐成为现实。如果像这样每个人的梦想都得以实现，社会全体的幸福就会增加。边沁主张，只有增加社会全体的幸福才是正确的。这就是他所思考出的“功利主义”思想。但由于它的目的是使社会全体的幸福量最大化，所以它的弱点是个人有可能成为牺牲品。

小川先生

# 功利主义
## 何谓社会全体的幸福

### 只要快乐超过痛苦就好

边沁小时候体弱多病，不喜欢运动，成年后却经常进行户外运动，去世前不久仍能步履轻捷。同时，他惜时如命，很少与人社交，几乎每天都要伏案写作 8—10 个小时。

1780 年，边沁完成论著《道德与立法原理引论》。在这本书中，他第一次明确论述“功利主义”的原则，因而被誉为“功利主义之父”。**他这样看待人类的本质，那就是避免苦痛，寻求快乐。痛苦是恶，快乐是善，这的确如他所言。**

所以，对人类而言，所谓的正确，只有增加快乐。因此边沁提出了一种名为“幸福计算”的方法，为了增加快乐而进行计算，这个数值越大就越正确。

边沁的这种理论被称为“功利主义”，虽然后来也产生了以约翰·穆勒“质的功利主义”为首的各种版本，而且直到现在仍有争论，但只有边沁才是功利主义的开创者。

### 要想多数幸福，就不得不牺牲少数

边沁试图将这个原理应用于去设计一个更好的社会。他主张让尽可能多的人变得幸福，并且应该让各自的幸福最大化。边沁认为，这样做的话，就必然可以说整个社会都是幸福的。

这就是因为“最大多数人的最大幸福”的口号而广为人知的理念，但如此一来，假如 A 的幸福指数比 B 更高，在只能选择一方的情况下，只有 A 的幸福会被选择，B 则成了牺牲品。

像这样，尽管存在少数人会成为牺牲品的问题，但为了社会全体只能默认无可避免的观点，便是功利主义的特征。

这可以说是功利主义的弱点，但我认为如果不这样做的话，社会就无法维系。事实上，我们社会的基础设施几乎完全是基于功利主义设计的，就像即便有遭受车祸的人存在，我们也不会讨论要停止有关使用汽车的话题。

功利主义就是这样一种非常现实的思想。虽然我们说“你有些功利主义”的时候，内涵往往倾向于“只考虑价值的斤斤计较之人”，但同时，我们也不应该忽略掉它现实主义的本质。

**幸福计算**：基于快乐的“强度、持续性、确定性”等若干指标，对个体的快乐进行数值化计算。在幸福计算中，高数值者越多的社会，就越能视为幸福社会。此外，边沁还主张无论身份高低，个人的数值都平等为1。

**一句话总结**

**以最大多数人的幸福为基准，就会成为幸福的社会。**

# 穆勒

## 做不满足的苏格拉底，好过做一只满足的猪

阿豆

## 快乐的质量更重要

## 约翰·穆勒是谁？

**约翰·斯图亚特·穆勒**

生活年代：1806年—1873年
主要活跃地：英国
分类：功利主义
主要著作：《功利主义》

英国哲学家、经济学家，以功利主义为立场，提倡重视快乐的质量而非数量的“质的功利主义”。

肉包会在穆勒的眼前看着看着就没了（笑）。穆勒区分了快乐的质量，认为越是精神上的活动，快乐的程度就越高。所以即便同为功利主义，他的思想却被称为“质的功利主义”。他说，比起从肉包上得到的快乐，阅读所带来的快乐更高级。但是吧……肚子饿扁了的时候，还是选肉包吧！

小川先生

# 质的功利主义、损害原则

## 任何快乐都一样吗

### 快乐不一定量越多就越好

穆勒是一位在立场上可称为边沁弟子的哲学家。他早期接受了精英教育，3 岁就开始读希腊文，8 岁开始学拉丁文、代数、几何，少年阶段结束时，他已经具备了比大学生还要广博的知识。功利主义也是其中之一。

事实上，穆勒与边沁常有往来。在边沁死后，穆勒还负责整理他的著作，所以他自然而然地继承了边沁的思想。但他无论如何也无法接受边沁不关心肉包的滋味的思想，啊不，是边沁的思想不关注快乐的质量。

在边沁看来，快乐的数量总之是越多越好，如此一来，只要你能感觉到愉悦或者欢乐，那任何事情都是好的。但穆勒的精英血脉在这里燥动了起来，他认为，一个人在阅读诗歌时能得到的快乐，和玩游戏时得到的快乐是不可能一样的。穆勒认为作为精神快乐的读诗之乐更加高级，而诸如大口吃肉包时得到的快乐是低级的，因为这是一种其他动物也能够得到的快乐。

于是便诞生了这句名言：**“做不满足的苏格拉底，好过做一只满足的猪。”**

事实上这是一句缩写版本，但我觉得它就足够我们理解要点了。但这句话并不是说，像猪一样什么都能吃就是满足了，而是说即便食欲没有得到满足，也应该像苏格拉底一样精神高贵。

这其实是穆勒在暗讽老师的功利主义是一种以猪为本的学说。**不过，如果专注于快乐的质量，那没有快乐的数量似乎也可以**。所以也有人揪住这一点，指责穆勒的思想已经不再是功利主义了。

## 只要不危害他人，人就是自由的

此外，除了“质的功利主义”，穆勒的“损害原则”或者“危害他人原则”也非常著名。它认为只要不危害他人，人就是自由的。穆勒通过提倡这一原则，试图避免来自国家的干涉，所以他也被称作“古典自由主义的主唱”，因为穆勒担心，包括他自己在内，有个性的人民会被国家变成平庸大众。

穆勒的主张对西方自由主义思潮影响甚广，其著作《论自由》被誉为自由主义的集大成之作，同时也与弥尔顿的《论出版自由》一道，被视为报刊出版自由理论的经典文献。

**损害原则**：通过损害原则，穆勒指出了国家合理干预的一般标准。换言之，损害原则也可以叫作自由原则。穆勒的理想社会是一个尊重个人自由，所有人都能够发挥个性的社会。

**一句话总结**

**快乐的质量越高，**
**人的幸福度就越高。**

# 卢梭

## 回归自然

阿豆

### 回到自然状态

## 卢梭是谁？

**让-雅克·卢梭**

生活年代：1712年—1778年
主要活跃地：法国
分类：法国启蒙思想
主要著作：《社会契约论》《论人类不平等的起源》

法国思想家，提倡基于人民共同的“普遍意志”的社会契约，他所著的《社会契约论》是法国革命的精神支柱。

“回归自然”也是对文明所造成的不平等的批判。我们在自然中原本不是平等的吗？要说不平等的问题在哪里，那就是阶级剥夺了自由。富人拥有自由，穷人的选择却极为有限，这是不正常的，因此卢梭呼吁大家回到自然状态，去尝试夺回自由。

小川先生

# 自然状态

## 不平等何时诞生

### 离开文明，取回自由

文明在不断地发展，但人为何生活得如此艰难？这就是卢梭的疑问，所以他意识到，文明才是问题。

文明带给我们的，是一种不平等的生活，例如，土地的私有制。当土地可以被私有时，有钱人就会将其独占，于是富者更富，贫者更贫。

所以有如此多的人不得不过着艰难的生活，这就等同于被剥夺了自由。那么还是停止文明吧！但，如何停止呢？卢梭说，回到过去的自然。

这听起来可能有一些极端，**但确实越接近自然状态，我们的内心就越是丰盈。这样我们就能取回自由**。

顺便一提，卢梭也将这种重视自然的思想运用在了他的教育理论中，他那本可称近代教育起点的《爱弥儿》，就是一本特意写成小说的哲学著作，讲述了爱弥儿和他的家庭教师的故事，以说明如何教育出一个理想的公民。

卢梭称《爱弥儿》是“我的所有作品中最好、最重要的一部”，它很大程度上是一篇关于人类天性的哲学论文，致力于探讨关于个人与社会关系的哲学问题，特别是个人如何在不可避免趋于堕落的社会中保持天性的善良。

## 卢梭的思想引发了法国大革命

人应该生而自由，但在这个无可奈何的世界上，人越活越不自由。卢梭认为，为了改变这样一个不合理的社会，必须首先对这个君主专制下的奢靡极欲的体制做些什么。于是，他写出了《社会契约论》。

卢梭的主张是，社会应该基于人民的意志，由人民直接治理。它并不是通过代表的多数表决，而是直接的讨论。卢梭声称，一个完美的社会是由人民的公共意志所掌控的，他建议由公民团体组成的代议机构作为立法者，通过讨论来产生公共意志。

他还阐明了政府必须分成三个部分：第一，主权者代表公共意志，这个意志必须有益于全社会；第二，由主权者授权的行政官员来实现这一意志；第三，必须有形成这一意志的公民群体。如果主权者走向公共意志的反面，那么社会契约就遭到破坏，人民有权决定和变更政府形式，包括用起义的手段推翻违反契约的统治者。

赞同卢梭思想的人们，在他逝后掀起了法国大革命，这是人民控制政治的开始。虽然，法国大革命后来误入歧途，历史再三反复，但毫无疑问的是，直到今天，卢梭的思想都是民主主义的基础。

**卢梭的社会契约论：**卢梭说，有一种人民所共同的“普遍意志”存在。它也可以说是全体社会成员所共同的最大公约数的意志。为了发现“普遍意志”，需要所有人的讨论，所以它必然会要求直接民主制。

**一句话总结**

**为了夺回人类的自由，
应当回归自然。**

第 3 章

近代哲学

质问社会生活意义的时代

# 康德

## 人所能认识的仅限于可以体验的世界

阿豆

### 在经验之前的先验

## 康德是谁？

**伊曼努尔·康德**

生活年代：1724年—1804年
主要活跃地：德国
分类：德国唯心主义
主要著作：《纯粹理性批判》《实践理性批判》

德国哲学家，通过“物自体”的概念，整合了欧陆理性主义和英国经验主义，是德国古典哲学的创始人。

虽说食谱不可能天生就在脑子里，但人类拥有先行于经验的能力也是事实。譬如，按照康德所说，作为一种尺度，时间或空间的概念可以说是我们事先就具备的，这种先于经验的认识称作“先验”，与之相对，基于经验的认识称作“后验”。

小川先生

# “哥白尼式的转向”、“物自体”

## 认知可以抵达何处

### 颠倒地认识“哥白尼式的转向”

康德以性格严谨著名。他是一位如时钟走时般精确度日，孜孜不倦地开展研究的真哲学家。康德无论是散步、吃饭还是读书都在固定的时间内，据说城里的人甚至会用他的散步时间来对表。

如此严格的康德，其哲学自然也十分严格。他对人类如何认识事物，以及认识存在怎样的极限这一问题进行了严密的理论化。

比如说，当我们看见一只狗，我们会想“呀，是只狗”，但按康德的说法则不然，倒不如说是因为狗符合了我们的眼睛，所以成为狗。

这或许听起来非常荒谬，但不妨思考一下，我们认识狗，所以当我们看到狗时，就会认为它是狗。也就是说，只是我们单方面地规定它是狗，但狗并没有声称“我就是狗”。可以作为证据的是，我们无法认识真身不明的存在，鬼魂也好，神明也罢，都是如此。

在思考如何才能结合先验与经验时，康德发现，像哥白尼颠倒既往观念里的地日关系，提出“日心说”的思考方式，可以用来解决自己正在思考的难题。**简单地说，就是不强求知识符合对象，而是让对象符合知识。**

这种颠倒的认识思路，因为来源于哥白尼的“日心说”，所以被称作“哥白尼式的转向”。

## 人类的认知存在极限

我们可以把握事物，但只是通过事先具备的事物认知机制，在时间、空间这种先验的尺度所能测量的范围之内，除此之外的一切都被称作“物自体”，它是构建康德哲学体系的重要概念。康德认为，人知道物自体的存在，但是永远都无法认识它，人所认识的只是“物自体”作用于感官时产生的现象。它是人类完全无法认知的存在，这就是人类认知能力的极限。

康德真的是太苛刻了。除此之外，康德还提倡“人类必须无条件地做正确的事”这一严格的伦理，并主张必须实现永远的和平。

和这样的人生活在一起大概会很累吧，但是康德本人对这样的人生十分满足，因为他人生中最后一句话是“这就足够了”。

1802 年 2 月 12 日，重病卧床的康德进入了弥留状态，大约中午 11 点，长期照顾他生活的瓦西安斯基给他喂了一些掺了葡萄酒的水，康德小声说了一句“这就足够了”，便溘然长逝。

**物自体：**人通过自身具有的感觉来认识事物。比如，一个红色的苹果，只不过是因为通过人眼的“滤镜”被认成了红色的苹果。如果是一个外星人看到它，那它还会是一个红色的苹果吗？也就是说，康德主张人是无法接触到“物自体”的。

**一句话总结**

**不是人认识物，**
**而是物匹配着人而存在。**

第 3 章

近代哲学
质问社会生活意义的时代

## 谢林
## ——
# 精神是肉眼看不见的自然

阿豆

## 天才的艺术创作方式

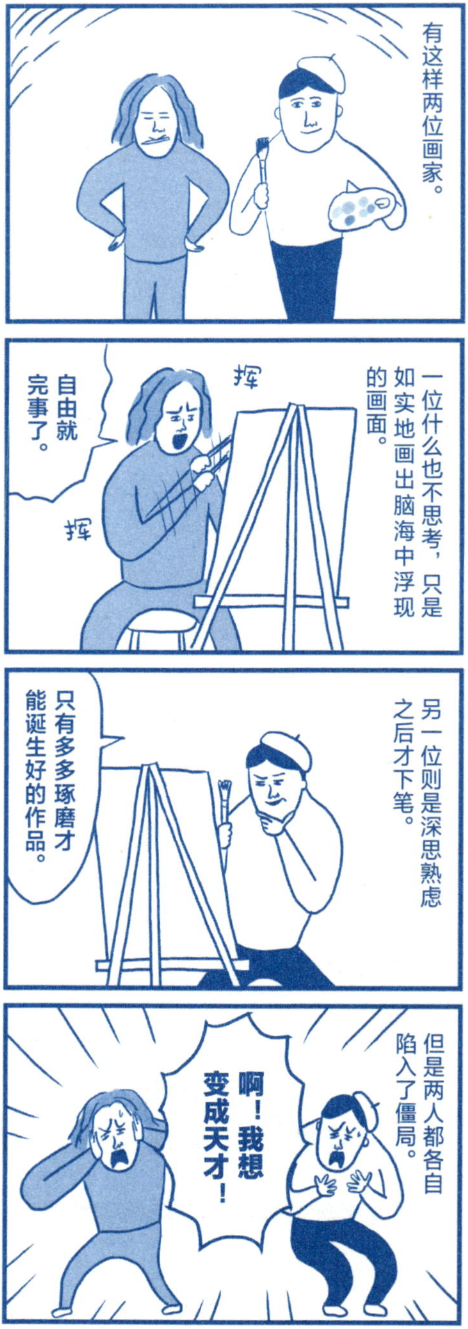

## 谢林是谁？

**弗里德里希·威廉·约瑟夫·谢林**

生活年代：1775年—1854年
主要活跃地：德国
分类：德国唯心主义
主要著作：《一种自然哲学的理念》《艺术哲学》

德国哲学家。继承了德国观念论的传统，主张主体和客体都诞生自同一“绝对”中，确立了同一哲学。

我猜很多读者可能会想，他到底在说什么？其实谢林的发言真的是有理论依据的。谢林主张一种主客观合一的“同一哲学”，但这在日常生活中是不可能的，比如，自我和世界成为一体。不过谢林主张，这种哲学在天才的艺术里是可以被实现的。当然，不是指把两人拼成一个……

小川先生

# 同一哲学、自然哲学

## 人的意识和自然是一体的吗

### 以“同一”把握主观与客观

我们应该如何把握这一世界？谢林也有这样的疑惑，于是他把世界当作自然来把握。或许你会觉得：“哎？这不是理所当然的吗？”但我们人类的意识也是包含在其中的喔！

这么一说，是不是觉得好像稍微变得没有那么理所当然了？说人类是自然的一部分，还是可以理解的，但如果说甚至个体的意识都是自然的，恐怕就变得难以理解了吧？

不过，因为日本有源自神道教的八百万诸神[4]的说法，没准你也能理解。也就是说，自然里也有类似精神的存在，那如此则可以说，一切事物都是存在于自然的精神。

这样一来，谢林便把人类个体的意识（主观）与类似这个世界的精神的存在（客观）纳入同一次元来理解研究，也即将主观和客观作为同一种事物来把握，这便是被称为“同一哲学”的理论。后来，因为他的哲学能够把一切都把握为自然，所以也被称作自然哲学。

### 天才的艺术便有可能

那么，我们理论了这么久，你也应该大体有所了解了吧。不过，在实际情况中，自我的意识和自然有可能成为一体吗？谢林所举出的例子，是天才的艺术。

所谓天才的艺术，是人的意识活动和自然的无意识活动相统一的产物。

谢林认为，哲学终究会固执于主客观的分别，**但是天才的艺术不仅创造了艺术品这一客观对象，而且因为在艺术创作过程中，艺术家会进入一种完全融入自己作品的境界，于是主客观便完全合一**。

的确，天才可能是一种自然力量在发挥作用，而超越人类认知的存在。

据说，谢林的艺术观影响了德国浪漫主义。顺便一提，谢林自己也是一位被誉为“早慧天才”的哲学家，他 15 岁进入图宾根大学学习哲学和神学，在这里和黑格尔成为同窗好友。他 24 岁就当上了哲学教授，是当时德国哲学教授里最年轻的一位，很早就开始发挥着自己的才华。

果然，只有天才最知道什么是天才。

**主观和客观：**在康德的认识论中，"物自体"（客观世界）被认为是不可认识的。德国唯心主义将这一主观和客观视作问题。对于这个问题，谢林提倡用“同一哲学”来解决，而黑格尔（见本书86页）则试图用辩证法来解决。

**一句话总结**

**人类的意识与自然界的无意识相统一的例子，便是天才的艺术。**

第 3 章

近代哲学

质问社会生活意义的时代

## 黑格尔

——

## 问题发生时，只要克服它们，就能抵达更高的境界

### 用辩证法解决问题

## 黑格尔是谁？

**格奥尔格·威廉·弗里德里希·黑格尔**

生活年代：1770年—1831年
主要活跃地：德国
分类：德国唯心主义
主要著作：《精神现象学》《法哲学原理》

德国哲学家，德国唯心主义的集大成者。他将既往的哲学系统化，被誉为近代哲学的巅峰，因辩证法的概念而闻名。

店长下岗？既然是店员们运用辩证法的结果，那也没办法了（笑）。不，实际上辩证法的优点在于它并不会舍弃问题。
任何事情都会伴随着问题，最简单的方法当然是把问题扔到一边不管，但这并不能最终解决问题。黑格尔更提倡通过接纳问题，来争取进一步发展的状态。

小川先生

# 辩证法
## 如何解决问题

### 使一切得到发展的辩证法

提起黑格尔，那可是能让哭闹的小孩马上闭嘴的近代哲学之王。好吧，我可能说得过于夸张。那他最起码也是被誉为德国唯心主义的集大成者，是德国古典哲学的最高峰。

这样说的理由有二，第一是因为他自己就是这样说的。这一点嘛，因为是当时有影响力的人自己说的话，如今看来，确实有些不够谦虚。

但另一个理由是他的哲学理论根基，那就是辩证法，这个理由无可置疑。辩证法是一种接纳所有问题，并使之发展的理论。**运用辩证法，可以在理论层面解决一切问题，并且能够让它们发展至顶级的境界。**

事实上，黑格尔利用辩证法论述了各种领域的发展过程。在人类意识方面，他发展到了上帝层面的绝对精神，或者说绝对知识；在共同体方面，他从家族论述至市民社会，再发展到国家；在世界史方面，他从亚洲世界发展到了欧洲世界。

### 虽然屹立于哲学世界的巅峰……

顺便一提，虽然黑格尔自己作为研究者的起步很晚，但他辩证地解决了人生诸多问题，并最终登上了学术管理的巅峰，成为柏林大学的校长。于是，无论是学说还是地位，黑格尔都达到了当时哲学界的顶点。但他去世后，反对者们便开始了对于黑格尔的抨击。

犹太裔哲学家卡尔·波普尔指出，黑格尔文饰了威廉三世的统治，认为 19 世纪 30 年代的普鲁士王国是理想的社会。美国哲学家赫伯特·马尔库塞批判黑格尔作为一个国家权力的辩护士，为 20 世纪极权主义的兴起开辟了道路。实际上，黑格尔并没有为这些权力形式辩护，他只是认为存在的都是合理的。叔本华藐视黑格尔对历史的解释，认为他的著作是蒙昧主义的“伪哲学”，而许多英国的哲学家都认同这种看法。

不过，你不觉得这也正是黑格尔成为标准的证据吗？

虽然漫画的情节里，因为店长有问题，所以他被抛弃了，但这作为辩证法是不正确的，只是单纯在搞笑。

不过，假如店长真的是问题所在，用辩证法会变成什么情况呢？大概是不舍弃问题，然后强行拿“本餐厅由强势店长任性经营，好吃但是脾气差”之类的感觉当卖点吧……

**辩证法：**最初的主张称为正题（正），与之相对的主张称为反题（反），克服两种主张的矛盾或问题的解决方案称作合题（合），它被表现为“正→反→合”，它也被称为奥伏赫变（扬弃）。

**一句话总结**

**只要运用辩证法，人类的知识就能升华成神的知识。**

# 叔本华

## 人的欲望没有止境，所以人生尽是痛苦

阿豆

### 贪心人的争执

## 叔本华是谁？

**阿图尔·叔本华**

生活年代：1788年—1860年
主要活跃地：德国
分类：生命哲学
主要著作：《作为意志和表象的世界》

德国哲学家，他否定意志，被称为悲观主义哲学家；曾受到过佛教等东方思想的影响。

人为什么会争斗呢？果然还是因为有欲望存在吧。与他人之间是如此，于我们自身也是如此。叔本华说，人类所具有的这种欲望，可以通过艺术特别是音乐[5]来抑制。不过，这种抑制并不能一直持续下去，所以叔本华最终主张否定意志。

小川先生

# 意志的否定

## 如何才能从苦恼中解放

### 向黑格尔发起挑战

叔本华早年在英国和法国接受教育，能够流利使用英语、意大利语、西班牙语等多种欧洲语言和拉丁语等古代语言。1809年他进入哥廷根大学，最初攻读医学，但后来把兴趣转移到了哲学。25岁时，他以《论充足理由律的四重根》获得了博士学位，歌德对此文非常赞赏。

年纪轻轻就得到了歌德的赏识，叔本华也就自信满满地在哲学圈正式出了道。

于是叔本华飘了，他向当时的思想巨人黑格尔发起了挑战，把自己的课程安排在了黑格尔上课的同一所大学的同一个时间。

叔本华信心十足，然而黑格尔这里聚集了超千名学子，而他那边只有八个人，灰心丧气的叔本华从此离开了大学。或许这就是叔本华被称作悲观主义哲学家的根源吧。

### 为了忘却欲望

悲观主义是一种认为“如果你不行，最好就放弃”的哲学。毫无疑问，突然就放弃是不可能的，所以它认为人最初可以沉浸在艺术里。当人沉浸在艺术之中，确实可以忘却欲望，不过这只是暂时的。

叔本华大概也是这样认为的，所以接下来，他决定通过道德来抑制欲望，不过这也有局限性的，因为人并没有那么坚强，人会屈服于诱惑。

故而，最后叔本华只能否定意志本身，强制关机。

这不是通过思考就能做到的，因为你一旦思考了，就会向诱惑屈服……这实际上很类似佛教的思维方式，叔本华也研修过佛教，他大概是从那里得到了灵感。

叔本华也论述过幸福，可以说他的幸福论就是通过放弃一些事情，比如意志，而实现的。譬如他说，一个人海水喝得越多，就越是口渴，这是对财富的比喻。你越是有钱，就越是想要更多的钱，如此便造成了一个悖论：因为得到了财富所以变得不幸。

**叔本华认为，意志永远表现为某种无法满足又无所不在的欲求。于是世界本质就是某种无法满足的欲求，从逻辑上说，它永远不可能被满足。**所以，叔本华认为如果不能满足的欲求是某种痛苦，那么世界就无法摆脱其痛苦的本质。

人们只是永远试图使自己的欲求得到满足，但这种满足更加证明和显现了意志本身，这被叔本华认为是世界上最悲哀的事情。

所以，他认为，否定意志才能获得幸福。

**叔本华的意志：**叔本华所说的意志[6]，并不是理性层面上的意志，倒不如说它意味着一种与理性无关的，表现为身体活动的“生命意志”。叔本华认为世界是由“想要活下去”的生命意志所组成的，就像细胞通过驱逐更弱的细胞而生存一样。

**一句话总结**

**要解脱苦恼，只有放弃意志。**

第 3 章

近代哲学

质问社会生活意义的时代

# 尼采

# 上帝已死

## 上帝已死！

阿豆

## 尼采是谁？

**弗里德里希·尼采**

生活年代：1844年—1900年
主要活跃地：德国
分类：生存哲学
主要著作：《论道德的谱系》《查拉图斯特拉如是说》

德国哲学家，他将基督教称为奴隶道德，并批判了由此产生的虚无主义，提倡接纳痛苦的超人哲学。

即便看不见上帝，但只要你相信他，你就能感到安心，因为上帝是一种会让人产生信赖感的巨大存在。不过，尼采说这样不行，他表示大家过于依赖上帝了。至少，在尼采生活的19世纪，西方社会就是这种状况。所以他才会说“上帝已死”，或许，尼采是想吐槽：“明明看都看不见，你们又是怎么知道上帝存在的？”

小川先生

# 超人

## 如何强大地活着

### 不靠上帝，自主生活

在日本，尼采或许是最广为人知的哲学家，他在世界其他地方也深受欢迎，我想大概是因为尼采那种出其不意的独特观点，以及其强有力的思想。

在漫画中出现的“上帝已死”的观点，就可以说是一种典型的“出其不意”，因为谁都不会觉得上帝死了。这也是对那些只知道依赖基督教，而不愿积极主动去创造生活之人的警告。

为了使人们能够强大地活下去，尼采提出了“超人思想”。**可以说，不仅是“超人”的名称，这种“在没有上帝的世界强大地活下去”的内涵，也可以鼓舞我们，让人勇气升腾。它就像是在说，即便孤身一人，你也能走下去！**

为了成为“超人”，我们到底要怎么做才好呢？事实上，这个世界充满痛苦，所以大家才会去依赖上帝或者神明，但尼采说，**我们不应该把目光从痛苦上移开，倒不如说更应该接纳它！**

### 超越永恒回归

这就是尼采所倡导的，对永恒回归的正确应对方法。所谓永恒回归，是指一种同样的痛苦永远循环往复的状况。

要想从永恒回归中逃离，唯一的办法就是接受这种状况，然后充满永远重新振作的气概！

“好！我们再来！”

要变成这样一个强大的“超人”，你必须牢牢地把控自己的主轴，所以尼采呼吁人们要拥有只属于自己的道德标准，没有必要符合世间标准。

因为如果符合世间标准，人在不顺利时就会找借口，推脱错的是世界，这也就是所谓的“羡憎情结”，一种类似自我安慰的感觉。

如果不想自我安慰，那从最开始就按照自己的标准生活好了。

或许就是因为我们无论如何都做不到这一点，所以才会如此向往尼采。

**羡憎情结：**弱者用“强者是坏人”来说服自己的心理。“强者上不了天堂”“我虽然穷苦，但我是好人，所以我能够上天堂”。尼采认为基督教用“道德”概念偷换了羡憎情结，并让其大力普及。

**一句话总结**

**成为不依靠任何人的超人，
坚强地活着吧！**

# 马克思
## ——发动革命实现社会主义，是历史的必然

■ 人人做老板

## 马克思是谁？

**卡尔·马克思**

生活年代：1818年—1883年
主要活跃地：德国
分类：政治哲学
主要著作：《资本论》

德国经济学家、哲学家，创立了马克思主义。通过与挚友恩格斯合作的《资本论》，对社会主义做出了理论解释。

马克思试图消灭劳动者无法通过劳动致富的现实。无论劳动者再怎样辛勤劳动，钱都会进到老板的口袋里，马克思认为这是不合理的。所以要怎么做才好呢？从基本而言，必须实现平等，但这并不容易。幸福真的会来敲劳动者家的大门吗？

小川先生

# 社会主义

## 如何创造一个平等的社会

### 改变世界的社会主义思想

马克思可以说是一位改变了世界的哲学家。毕竟，世界上一度有半数国家追随他的思想成为社会主义国家，他的思想就是这般极具说服力。

试想想，谁都会认为欺压劳动者是不合理的吧？劳动者无论如何劳动也无法致富，因为这里横亘着一个巨大的问题——剩余价值都被老板收入囊中。

譬如一家工厂，如果它为老板所私有，那么你再怎么工作，工资都是由老板决定的。所以马克思呼吁工厂这些“生产资料”应当为众人所有。这样一来，多余的利润就能分配给大家。

更重要的是，如果工厂为大家所有，劳动者会更积极地思考工作方法，**但如果只是像机器上的齿轮一样工作，人会觉得自己甚至都变成了机器的一部分，那么劳动就会失去乐趣，恐怕人性也会被迫丧失**。马克思将之表述为“异化”。

如同辩证法般，马克思从黑格尔的著作中开始引用异化的概念，他注意到资本主义主导了社会关系，其中包括劳动力等商品得以在市场上购买和贩售。对马克思来说，这可能意味着人们因而放弃自己所拥有的、具有改变世界能力的劳动力，也因此自己的心性遭到异化而成为一种精神上的损失。

马克思将这种损失称作“商品拜物教”，也就是人们生产的东西成为大众商品后，人类和其行为似乎只能适应商品来生活。

## “不死鸟”一般的马克思

有许多国家希望成为社会主义国家，但大多都没能走到最后。为了公平分配，计划是很重要的，但经济并不能如人所想的运作。

马克思的思想从未过时。根据最近对马克思的新研究，他不仅倡导公平，甚至也更关心环境保护方面，这就是为什么近年来在“可持续发展”的呼声中，出现了马克思热潮。

或许，每当资本主义面临危机时，马克思的思想就会如同“不死鸟”一般再度苏醒。

**《资本论》**：由马克思主要撰写的，给予社会主义以科学论据的经济学著作。第一卷出版于1867年，第二卷和第三卷则是在马克思去世后，由他的挚友弗里德里希·恩格斯整理遗稿后刊行，其续编作为《剩余价值理论》一书出版。

**一句话总结**

**如果劳动者发动革命，历史必然向社会主义转变。**

专栏 3

# 将目光投向意识与自由的近代哲学

## 哲学盛放的近代

近代与近世的界限[7]是不容易明确区分的。本书将近代相对初期的阶段归结为近世，因此你可以认为，近代哲学所指的是 18 世纪至 19 世纪的哲学家时代。

被唤醒了的近代哲学，在这一时期勃然盛放。说此时是哲学最辉煌的时代也毫不为过。这个时代里有英国的边沁、约翰·穆勒这样的功利主义者、法国的卢梭这般的启蒙思想家，以及最重要的，就是以康德为开端，接连出现的德国唯心主义哲学家们——费希特、谢林、黑格尔。可以说，他们都是从思想层面上筑成“近代”这一时代的主角。从某种意义上来说，近代就是个人的意识和自由能得到发展，并且国家也会因这些个人的会集而愈发强盛的时代。

## 辉煌的近代哲学里也有黑暗

近代哲学的巅峰是黑格尔，所以，后来的哲学家们在近代的尾声开始了对黑格尔的抨击。

叔本华、尼采，然后是马克思，他们从各自的立场出发，抨击黑格尔，并试图批判近代哲学本身。所以，他们有些人的哲学看起来是消极的，但近代社会开始拥抱黑暗也是事实。

工业革命的另一面是贫困的蔓延。随着国家的扩张，战争也随之而来。时代就这样不容分说地闯进了现代。

**19世纪的英国钢铁厂**

在工业革命中完成工业化的英国成为“世界工厂”。

1 词源为法语 moraliste，也译作道德哲学家、道德学家、伦理学家或人性论者。法国“道德家”与我们通常所理解的研究“道德”的哲学家不同，他们更接近于作家群体，热衷于审视人间日常与社会生活，并通过写作散文、箴言来提出各种建言。道德家群体风行于 16—18 世纪，帕斯卡、蒙田是其群体的典型代表。

2 “无所事事、百无赖聊”原文为“徒然なるままに”，这一句是后文提到的《徒然草》序段极其著名的开头，其书名也是由此而来。《徒然草》是日本南北朝时期（1332—1392）的一部随笔集，与清少纳言的《枕草子》、鸭长明的《方丈记》并称日本三大随笔。《徒然草》并非作者吉田兼好有意而为的著作，而是他死后经由他人编订而成。因为从写作风格、文体内容等方面而论，《徒然草》都很类似法国道德家所撰写的随笔或箴言，故作者以它为例，并在后文强调帕斯卡的著作也是他逝后由他人编订而成。

3 “白板说”是洛克认识论的基本原则，田村 sara 的日语发音为“Tamura-sara”，而白板在拉丁语里写成“tabula rasa”，如果用日语的发音规则去拼读，则两个词恰好为谐音，由于这一谐音梗很难在中文中对译表现，故此处选择意译。

4 八百万是虚指，指数量极多。日本传统的神道信仰认为万物有灵，任何自然现象、生物、事物都能成为神。

5 在叔本华看来，人的本性决定了人永远都不可能满足，但审美体验（aesthetic exoeriences）可以让人从无休止的意志斗争中暂时挣脱出来。音乐的特殊性在于，其既不代表物质世界的任何存在，又是一种能够直接代表意志的“意志写照”。

6 在《作为意志和表象的世界》第四卷里，叔本华说：“意志是一种不自觉的、连续的盲目冲动，正如我们在无机界和植物界及其法则中所看到的一样，也像我们自己生命中的生物部分一样……现实世界是意志的反映，是意志的客观表现……意志是物自体，是内在的内容、世界的本质。而生命、可见的世界、现象，只是意志的反映。所以，生命因意志而起，与意志如影随形。如果意志存在，生命、世界也就存在。”

7　事实上，不同国家、不同史学观点下的历史时期划分都有所差异。如日本历史界一般将江户时代（17—19 世纪）称作“近世”，它有时也会包含安土桃山时代（16 世纪后半叶），而将明治维新时代至日本战败（19 世纪—1945 年）称作“近代”。这与西方史学界的划分有所不同，我国则是以 1840 年—1919 年为近代，1919 年—1949 年为现代。

第4章

现代哲学（第一部分）

# 思考动荡世界的时代

## 何谓语言？

第 4 章

现代哲学（第一部分）

19~20世纪

# 柏格森——时间是人类内心里生出的更直觉化存在

## 时间这种概念

## 柏格森是谁？

**亨利·柏格森**

生活年代：1859年—1941年
主要活跃地：法国
分类：生命哲学
主要著作：《时间与自由意志》《创造进化论》

法国哲学家，开创了一种全新的时间论与进化论，围绕生命发表了各种论述，因此也被称作生命哲学家。

你不觉得时间总是一定的吗？但事实并非如此，因为会有那种即便过了一个多小时，但感觉好像才30多分钟的情况，反之亦然。归根到底，时间是一种在我们的意识里流动着的存在。柏格森将这一观点作为理论提了出来，他说，时间不能像钟表那样简单机械地划分。

小川先生

# 生命冲动、纯粹绵延

## 时间在意识里流动

### 生命的进化不可预测

柏格森常被称作生命哲学的代表人物，因为他以一种与前人完全不同的形式，提出了有关生命的观点，例如，于 1907 年在其哲学著作《创造进化论》中提出的“生命冲动”，就可说是全新的进化论。

我们通常认为生命是经过几个阶段进行进化的，对吧？柏格森却说，生命有时会突然地，简直像跳跃一般地进化。这并不是毫无根据的发言，的确有许多动物明明是各自独立进化而来，但却拥有着相似的构造。

软体动物和脊椎动物都有眼睛，便是其中一个论据，这是它们为应对各自必需而突然进化的证明，因为它们都需要看见什么东西。柏格森在这里想表达的是，生命是一种不同于机械的、无法预测的特殊存在。

他在《创造进化论》里说：“我们想到的，仅仅是我们过去的一小部分，而我们正是通过自己的全部过去（包括我们心灵的原初倾向）去产生欲望，去发出意愿，去做出行动的。”

### 时间无法用刻度来区分

柏格森将时间分为两类。一类是如钟表般 24 小时精确划分的

"科学时间"，但柏格森认为这是错误的，因为它用空间概念偷换了时间概念，把时间异化成了某种各自独立、可以分割、环环相扣的绝对空间。但真正的时间是一种始终流动、始终变化的完整存在，它不可以量化、不可以分割，互相渗透，无法被测量，但是可以通过直觉感受到。

柏格森与时间有关的概念也源自这种生命的特殊性。生命是一种能够感知时间的存在，但人感知时间的时候，时间是在意识里流动着的，所以它并不能像钟表那样被刻度所划分。倒不如说它是类似旋律的存在，一种像是声音混合在一起的感觉。

在意识里，过去、未来和现在都不存在，只有时间在持续，所以柏格森将时间叫作纯粹绵延。

**一切都不过是在此时此地发生，继而，不管我们讨论的是过去还是将来发生之事，因为它们都是在此刻浮现于你我的脑海中，所以一切都是现在发生的。**

然后，即便说一切都是现在发生的，但因为说出现在的瞬间，现在就已经成为过去，所以它就成了记忆。

可以说，这就是柏格森的时间论。

**生命哲学：**一种于19世纪末至20世纪初在欧洲得到发展的哲学总称，它反对理性主义或实证主义，提倡直接把握生命及生命体验，柏格森、叔本华、尼采是其代表。

一句话总结

**时间存在于自己的心中，**
**是不可分割的存在。**

第 4 章

现代哲学（第一部分）

19~20世纪

## 海德格尔

## ——认真面对自己的死，就能觉察本真的生

### 别混日子

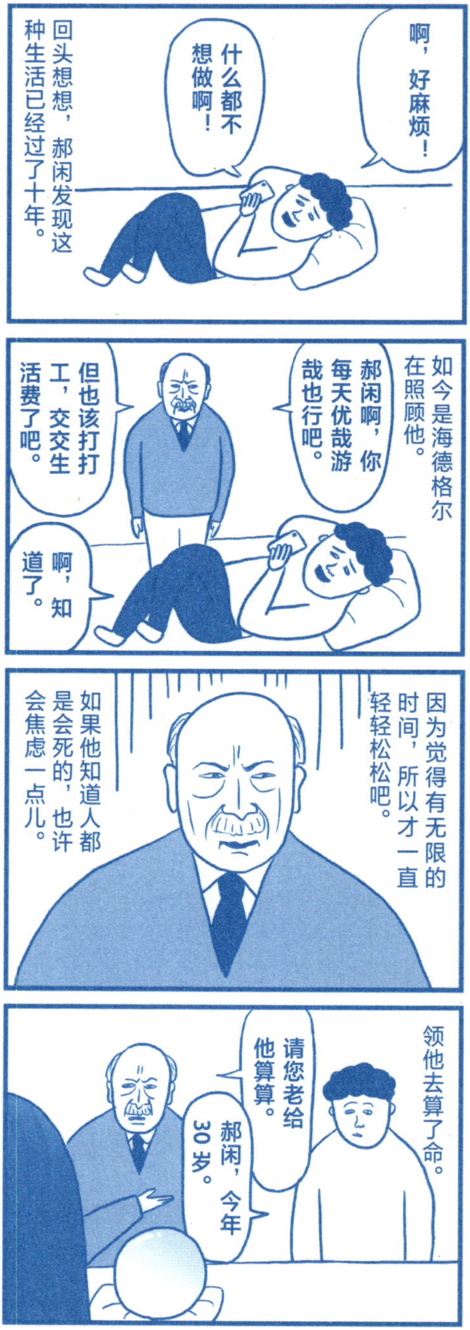

阿豆

## 海德格尔是谁？

**马丁·海德格尔**

生活年代：1889年—1976年
主要活跃地：德国
分类：存在哲学
主要著作：《存在与时间》

德国哲学家，探究存在的意义。虽然被定位为存在哲学的代表人物，但海德格尔自己并不承认。

无所事事地混日子大概是人类的本能吧？但谁都有拼命加油的时候。比如，在假期的最后一天拼命赶作业，那是因为我们知道已经没有时间了。海德格尔主张人生也是如此，如果你觉察到了人生的截止期限，即死亡，你就应该本真地生活。

小川先生

# 在世界之中存在、先行的决心

## 何谓人类本真的生活方式

### 意识并直面死亡

海德格尔有时也被称作死亡哲学家，当然这既不是说他是死神，也不是指他是带来死亡的哲学家。它意味着海德格尔是一位积极思考死亡的哲学家。一般来说，死亡是我们想要避免、不愿关注的事情，但只要是人，这就无法避免。

因为回避了终有一天会死的事实，所以我们过着一种随随便便的人生。海德格尔将这样的人称作“常人”，意为最普通的人。

需要注意的是，海德格尔所指的“常人”，虽然在概念上比较类似我们理解的芸芸众生，但它不是具体的人。

海德格尔在《存在与时间》里说：“（常人）不是这个人，不是那个人，不是人本身，不是一些人，也不是一切人的总和，而是个‘中性的东西’；‘常人’实行着独裁，它抹平了一切人与人之间的距离，人人都一样高、一般齐。”

所以，可以把“常人”简单地理解为一种所有实在之人的平均值。“常人”左右着具体的人的生活，“常人怎样享乐，我们就怎样享乐……常人对什么东西愤怒，我们就对什么东西愤怒”。

我们在各种各样的事物包围下生活，用海德格尔的话说，就是关联着世界生活的“在世界之中存在”[1]。

**我们不应该只是埋头在这样的世界里，而是必须更积极、更努力。所以海德格尔呼吁人要意识到死亡，然后才能努力地生活。**

他将可以做到这一点的人称作“此在”，意为觉察到了本真生命的人。海德格尔认为，**在人的生存上，像这样提前意识并接受自己终将死亡，决意向死而生，才是头等大事**。他将其称为“先行的决心”。

## 什么是存在

海德格尔最开始思考的是存在的意义。他所思考的并不是“有什么”，而是什么是“有”[2]。这是一个自古希腊时代以来从未被认真追问过的命题。海德格尔之所以会探究这一问题，是因为只有在追问“何谓有”时，才是真正思考“存在”，否则只是把“存在”当成了“存在者”，所有以为是在追问存在意义的问题，其实都只是在拷问“存在者是什么”。

不过，虽然这是一个极其困难的命题，但是如果将之匹配在人这种存在上，或许我们能够发现灵感，因为人类生活在名为“人生”的时间里。我想，海德格尔之所以要在他所著的《存在与时间》里描绘那些努力地向死而生之人的形象，就是因为这样的缘故吧！

大家也在努力地生活吗？

**此在：**虽然人是存在于这个世界上的（存在者），但人是一种特殊存在。人在作为存在者的同时，也具备自己存在于世界上的意识。动物也是一种存在者，但它们没有存在的意识。海德格尔把这样的人类存在称为“此在”。

**一句话总结**

**不要埋没在日常生活里，要努力地度过人生。**

第 4 章

现代哲学（第一部分）

19~20世纪

# 萨特

# 人类被处以自由之刑

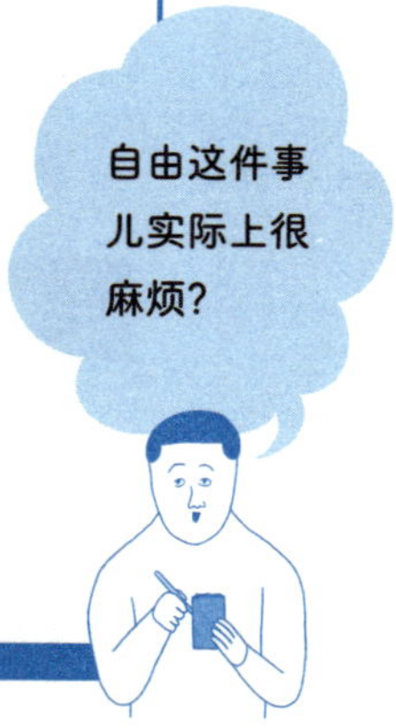


阿豆

## 命运

## 萨特是谁?

**让-保罗·萨特**

生活年代：1905年—1980年
主要活跃地：法国
分类：存在主义
主要著作：《存在与虚无》《恶心》

法国哲学家，也是作为文学家、戏剧家与社会活动家活跃于20世纪的明星学者，曾引发了存在主义的热潮。

“人类真好啊，有烦心事也真好啊！”物品可能真的会这样想。确实如此，有烦恼也是一种幸福，因为你还有选择。人的特征，就是这样一边选择着人生，一边度过着人生。但物品从生到死都是一副模样，功能也不会变化。那么，你现在有觉得烦恼也是一种幸福吗？

小川先生

# 存在主义

## 命运能够被改变吗

### 人可以成为任何一切

你可以成为任何一切。就算有人这样说，可能你也只会嘀咕一句:“想什么呢?”但从理论上说，人真的可以成为任何一切。萨特是这样说的：“人只是他企图成为的那样。”

物体一旦被创造出来，它就永远都会是那样，所以它们无法改变自己的命运，**但人通过努力可以改变命运，萨特将这一情况表述为“存在先于本质”**。

这是一句象征存在主义的口号。如果确实是存在先于本质，人就不能用一种天生的人性来解释自己的行动。也就是说，没有决定论，人是自由的。

萨特在《存在主义是一种人道主义》一文指出，人的存在，是自己创造自己。

“……**人首先存在，碰到各种遭遇，世界起伏不定，然后限定自己。因为，人在开始时一无所有，只是后来才成为什么。**”

“……因此无所谓人性，因为上帝没有去创造这个概念。他不是想象中的自己，而是意欲成什么才是什么；他存在之后，才能想象他自己是什么，这是在他跃进存在之后意欲的。人除了自我塑造之外什么也不是。”

实际上，萨特言行一致地自我实践着存在主义。比如，为了改变社会而游行，最厉害的是依着自己的喜好改变了婚姻。

## 在男女之间都受欢迎的萨特

萨特改变了“婚姻意义”本身。他虽然和恋人波伏娃“结婚了”，但这叫作“契约式婚姻”，两人都可以寻找情人，无论人数多少。这样一来，萨特便与其他女性留下了艳闻。不过，他和波伏娃二人尽管经历种种，却作为人生伴侣，一生相依。

或许你会疑惑“这能称作婚姻吗”，但这就是存在主义。如果自己觉得好的制度不存在，那就自己去创造它。虽然听起来像是极端的自私，但大家的内心深处可能都会憧憬这样的生活方式吧？

所以萨特在男女之间都深受欢迎，他被众人仰慕。据说，有超过五万人参加了他的葬礼，这可不仅仅因为他是 20 世纪的学术明星，更是因为大家都明白，要自己开创人生，哪里会那么简单。

对这样的萨特来说，他的人气，或许也是受尊敬的一种表现！

**存在先于本质：** 裁纸刀是因为先有裁纸的用途（本质），才存在于这个世界上的，这叫作本质先于存在。但萨特解释说，因为人恰好相反，所以人的命运可以改变（存在先于本质）。

**一句话总结**

**人原本是空无所有的存在，**
**但后来成为自己所造就的人。**

# 梅洛-庞蒂

## 我的身体和世界由同一种肉构成

阿豆

■ 联结

## 梅洛-庞蒂是谁？

**莫里斯·梅洛-庞蒂**

生活年代：1908年—1961年
主要活跃地：法国
分类：现象学
主要著作：《知觉现象学》

法国思想家，历史上首次正式将身体作为哲学研究的命题，他受现象学的影响，以独特的视角考察身体和知觉。

新冠疫情之后，我不太愿意触碰别人的手了。但有一些东西，是通过人的手来传达的。我猜想这或许就是牵手或者握手最初的意义。根据梅洛-庞蒂的观点，身体就是这样一种获取外界信息的入口，仅仅是外界与我们的意识之间的媒介。

小川先生

# 身体是世界之“肉”

## 身体和世界的关系是什么

### 重要的是身体不是心灵

你有好好对待你的身体吗？我不是指健康，而是在说你是否重视身体？**我们往往会有一种倾向，将身体看作是一种工具，而认为内心才是我们自己。**哲学界也一直是如此，而梅洛－庞蒂就是颠覆了这种常识的人物。

他认为，是我们的身体捕捉到了世界的各种信息，并将其告知心灵，这才是感知的过程。

这样说来，我们的确是基于身体感知到的信息来判断自己是不是冷、是不是痛。

所以，实际上不是心先，而是身先。如果你认为心灵可以完全控制身体就大错特错了。

大家对自己的身体有多大程度的了解呢？其实，你的身体里还出人意料地有着仿佛他人身体的存在哟。

如果你觉得我在骗人，那请用你的右手去触摸你的左手。你会发现，明明那是自己的左手，感觉却宛如是被别人触摸了一般。

**我们没有身体就无法进行任何思考，因为梅洛－庞蒂说，人的交流或许真的不是心灵和心灵，而是身体和身体先进行的。**交流能深至何处姑且不论，但我感觉至少类似距离感的东西是身体制造出来的。

## 身体和世界联结

如此重视身体的意义的梅洛 - 庞蒂，甚至进而开始说身体是世界的一部分，即身体是世界之“肉”。

但细细想来，好像也可以理解。因为世界所指的是自己的心灵之外的一切，我们无法精密地认识到世界是从哪里开始的。

或许，我们自己的身体就已经是世界了。但要这么说的话，用手触摸到脚趾岂不就是环游世界？

**身体图式：**人在没有特定意识的情况下活动手脚，尤其在行走时，我们并不会想着“右脚、左脚……”。梅洛-庞蒂认为，手脚等身体部位，以有别于意识的独立意志创造了一种行动图式，这叫作“身体图式”。

**一句话总结**

**我的身体不仅是自己的身体，它还是世界的一部分。**

第 4 章

现代哲学（第一部分）

19~20世纪

## 列维纳斯

# 我背负着对他者的责任

阿豆

### 想起她的脸

## 列维纳斯是谁？

**伊曼纽尔·列维纳斯**

生活年代：1906年—1995年
主要活跃地：法国
分类：现象学
主要著作：《总体与无限》

立陶宛裔的犹太哲学家，“二战”后活跃于法国，根据自己在战争中的悲惨经历，建构了独特的伦理学理论。

童年时，你有被说过“讲话的时候要看着对方”吗？气氛尴尬的时候，是不是就没办法正视对方的脸了？“面孔”就是这样，会自己“开口”对我们说话。每个人的脸都是不一样的，我想这就是为什么当一张面孔在脑海中浮现，我们就会不知不觉地开始认真思索那个人。

小川先生

# 面孔、伦理

## 如何与他者关联

### 面孔是他者的存在象征

列维纳斯关注“面孔”，绝不是因为他是个“外貌党”，而是另有深层的原因。这与第二次世界大战有关。

列维纳斯生于立陶宛考纳斯。幼年接受过传统的犹太教育。有着犹太血统的列维纳斯，在战争中失去了家人，他于是深陷孤独之中。列维纳斯身边并不是没有人，但与其说是有人，不如说只能感觉到“有”，他用“il y a”描述这种状态，这是一个法语词，意思是“（这里/那里）有”，表达事物的在场。

为了摆脱这种状态，列维纳斯认为需要更加意识到他者，这是因为他想要确认周围有他者存在，如此一来，列维纳斯所聚焦的，就是他者的面孔。每个人的面孔都是不一样的，毫无疑问，自己的面孔也是不一样的，如果大家都长着同一张脸，那就是已经没有他者存在的状态。

我想列维纳斯的脑海里，一定浮现了纳粹战前的极端集体主义，使所有人都被迫成为无个性的同样存在。

所以他才呼吁，他者是一种绝对不能纳入我们自身之中的存在。纳入我们自身之中，就意味着他者消失，而变成“我”。

换言之，**必须尊重他者，背负起对他者的责任**。

## 他者的存在本身就是伦理

面孔是他者对“我”的一种表达或言说。当面对面时，面孔会要求“我”的回应，而“我”的回应就产生了“责任”。

**这是一种自己并没有要求别人做什么，也没有对他们做出任何不好的行为，但即便如此，“我”依旧背负着无数责任的状态。列维纳斯将这种状态称作“伦理”。**

在列维纳斯的伦理学看来，“责任先于自由”，因为“我”永远都比他者更有责任，甚至更有错，所以面孔会呼唤甚至要求“我”的仁慈，先于自己的一切去关心他者的一切。

这与我们通常所使用的，指代自己和他者之间相互关系的伦理一词不同，但或许真正的伦理，实际上就应该是这种只是尊重他者的情绪。

正因为如今是这样一个伦理好像越来越衰落的现代社会，所以它才是一种值得我们重新审视评价的哲学。

**汝勿杀：**根据列维纳斯的观点，他者的面孔向人传达着“汝勿杀”，饥饿中痛苦的孩子出现你面前时，他的面孔无声地向你呼唤着“帮帮我”，列维纳斯将回应这种呼唤的可能性称为“责任”。

**一句话总结**

**因为有了他者的存在，**
**我这个人才能存在。**

# 维特根斯坦——对于不可言说的事物必须保持沉默

## 关于不可言说的事物

维特根斯坦好像是个特立独行的怪人。

阿豆

## 维特根斯坦是谁？

**路德维希·维特根斯坦**

生活年代：1889年—1951年
主要活跃地：英国
分类：分析哲学
主要著作：《逻辑哲学论》《哲学研究》

奥地利出身的哲学家，提倡以语言来描述世界，对语言哲学的发展做出了贡献，对后世的逻辑实证主义产生了影响。

即便是在特立独行的哲学家里，维特根斯坦都是公认的与众不同。他有一句哲学名言“对于不可言说的事物必须保持沉默”，意思是无法被语言表达的东西，不能说是思考过的。所以在漫画里，他才会说“无法证明的事情我是绝对不会开口的”。不过，他自己似乎是个例外……

小川先生

# 语言图像论、语言游戏

## 语言和世界的关系是什么

### 世界是可以用语言描述的吗

维特根斯坦是 20 世纪最具影响力的哲学家之一，其研究领域主要在逻辑学、语言哲学、心灵哲学和数学哲学等方面。

概括而言，维特根斯坦的哲学是以语言和世界的关系为对象，但他的思想在前期和后期有着巨大差异，这也是他被看作特立独行之人的理由之一。在急急忙忙地完成了早期哲学思想理论体系后，他便隐退到了乡下的小学，做了一名老师。然而在那之后，他又否定了自己前期的思想，树立了后期的哲学思想。

维特根斯坦早期的思想，是也出现在漫画中的“用语言来描述世界”。即他认为，这个世界上的事物，基本都可以用语言来表示，从这个意义上来说，语言和时间有对应关系。也就是所谓的语言图像论。

这就宛如说是语言在描述世界，并赋予它们以形式。维特根斯坦认为，这种活动便是哲学。但如此一来，用语言无法明确表达的事物该怎么办呢？譬如，没有人知道真身为何的上帝，或者像“善”这样说不清道不明的抽象概念。

所以维特根斯坦会说，这种无法谈论的东西，不应该成为哲学研究的对象。

## 解释语言意义的“语言游戏”

维特根斯坦后来否定了他自己早期的思想，又主张语言并不能描述世界，而是一种会随着这世界情况的变化而改变意义的东西。这与他的早期思想正好相反。

**但思考一下，因为语言的含义会随着社会情况或者内容语境而改变，所以这也是正确的。这种词语在语境里的往来变化，维特根斯坦称作语言游戏。**

**在日常的生活中，我们也应该一边认真思考这种语言游戏，一边与身边的人好好交流。**

为了不在社交对话中被当成怪人，大家要努力进行语言游戏啊！

**语言游戏：**维特根斯坦认为语言图像论已经把多余的东西从哲学里去掉了，所以他一度离开哲学，过了十年左右才回归。维特根斯坦后期认为，有必要进行分析的不是语言图像论所使用的科学化的语言，而是处于其前段的日常对话。

**一句话总结**

**人们一边对话，一边进行着解释含义的语言游戏。**

专栏 4

# 受到两次世界大战影响的早期现代哲学

## 20世纪是个复杂的时期

应该如何描述“现代”这一时期呢？这是一个非常困难的问题。就时间段而论，可以说它是“20世纪以来”，但即便我们只取20世纪来讨论，这一时期也有各种各样的重大事件发生。

与之成正比的，是现代哲学也以各种各样的形式登场，不过我觉得这也是现代哲学的特点。因为将之全部概括会使内容变得冗长，所以在本书中把“现代”大体分为了两个部分，这倒并非有明确的标准[3]，但如果一定要列出标准的话，那就是两次世界大战。

## 战争之外也有新的主题

也就是说，我认为可以用第二次世界大战的结束作为分界线，将20世纪的上半叶与下半叶划分开来。比如，上半叶，我们可以举出海德格尔、萨特、列维纳斯这些哲学家，因为他们是在第一次世界大战与其后的休战期，以及第二次世界大战结束后不久活跃起来的。

战争或许给予了他们进行哲学研究的契机，这些哲学家在个人及社会存在的思考层面提出了重大的问题。

此外，这也是一个现代思想对此前从未关注的问题开始深入考察的时期。如柏格森论生命，梅洛-庞蒂论身体，维特根斯坦论语言等。

在21世纪的今天，他们的论述依旧为人们所参考。

**让-保罗·萨特**
1966年访日时，在记者见面会上。

# 第5章

现代哲学（第二部分）

# 意图创造新世界的时代

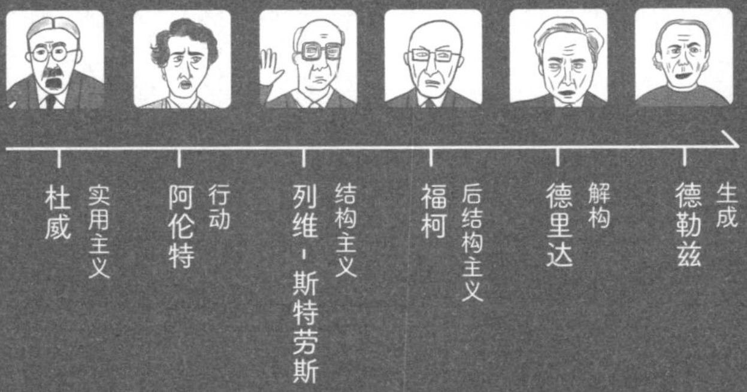


多样化世界的未来？

第 5 章

现代哲学（第二部分）

20~21世纪

# 杜威

——

# 知识是解决困难、让生活变得更好的工具

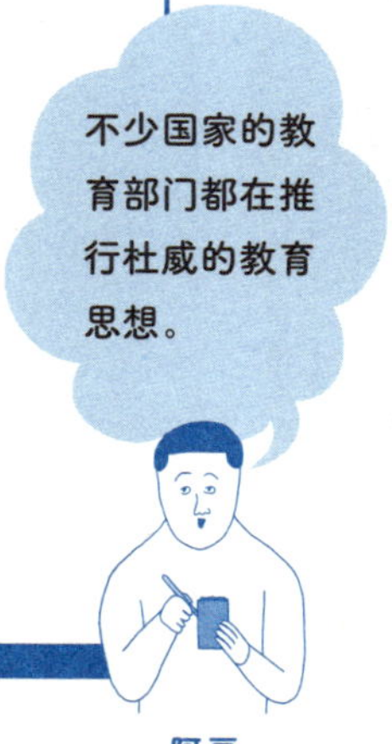


阿豆

## 思考才是最好的工具

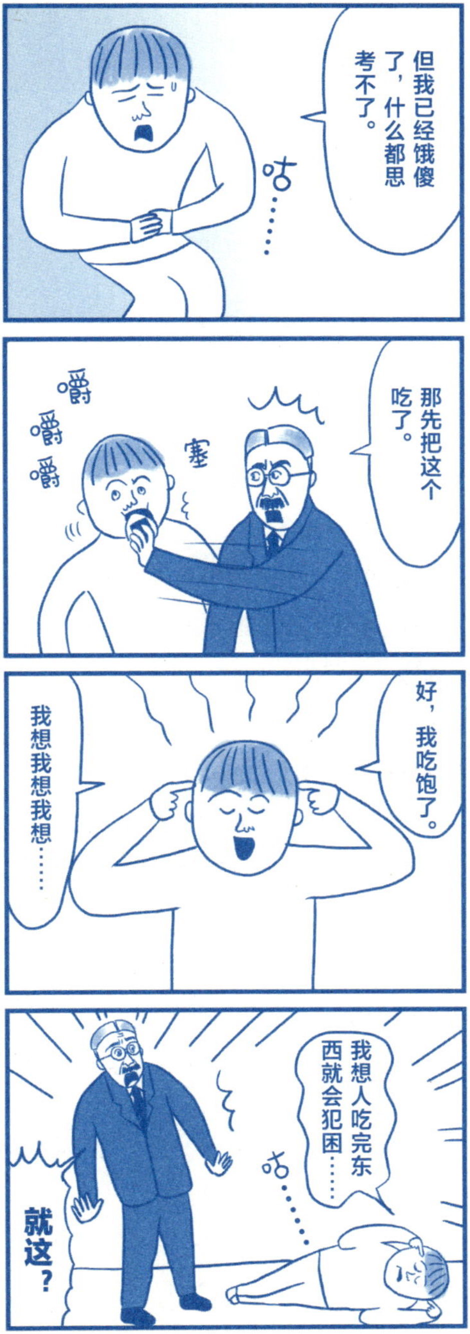


## 杜威是谁？

**约翰·杜威**

生活年代：1859年—1952年
主要活跃地：美国
分类：实用主义哲学
主要著作：《民主与教育》

美国哲学家，从实用主义的立场出发，提倡工具主义，重视发挥自由智慧的教育。

正如杜威在漫画里所言，思考就是最管用的工具。从这个意义来说，因为哲学是思考活动，所以学习哲学就可以让大脑中的工具箱丰富起来。不过，一般人并不这样认为，甚至在最开始时，连哲学家们都是如此，但对这一点做出了极大改变的，便是杜威他们这些“实用主义者”。

小川先生

# 实用主义

## 如何使用知识

### 知识本身没有价值

多数的西方哲学都诞生于欧洲，比如法国、德国、英国等。事实上，很少有发源于美国的哲学。在发源于美国的哲学里，最珍贵的思想之一便是“实用主义”。

毕竟，美国是那些因为厌恶欧洲传统而外闯之人所建立的国家，所以美国哲学也和欧式传统哲学完全不同。

在欧洲，哲学是一种对知识的追求，但美国所重视的是如何运用知识。这确实非常具有美式风格，比起追求知识本身，要白手起家地建立国家，自然会追求知识的运用。

实用主义由查尔斯·桑德斯·皮尔士开创，威廉·詹姆斯继承发展了他的思想，杜威则最终将其完善。

在 20 世纪初，实用主义在美国发展成一种运动，并且蔓延到欧洲大陆。**如今，实用主义虽然已经不再是一种运动了，但仍然是一种非常有影响的思想体系，它把哲学从一种人生观的思想体系降为一种研究问题和澄清信息的批判方法，以科学探索的逻辑作为人们处世待物的行为准则**。

在杜威之后，一直到今天，实用主义依旧在不断地发展，但总之，是杜威使其基本形式得以完成。

## 重视教育且亲自实践

杜威明确主张将知识视作工具的工具主义，进而甚至确立了一种利用知识去解决问题的方法论。它成为现代教育学理论中主动性学习、问题解决模式的基础。

实际上，杜威致力于解决社会问题，并使之发展进步。为此，他重视教育，为了学生可以亲自实践实用主义，还创办了一所小学，试图通过这些来建构一种真正的民主主义。

他反对传统的灌输和机械训练的教育方法，提出教育即生活、学校即社会的口号。其教育理论强调个人的发展、对外界事物的理解以及通过实验获得知识，对后世影响很大。

杜威在其教育著作《民主与教育》中明确表示："教育的目的是使个人能够继续他的教育……不是在教育历程以外，去寻觅别的目的，把教育做这个别的目的的附属物。"

这个进程绝对不是一蹴而就的，而是在无数次的错误尝试中曲折发展，这或许是美国得以发展的重要原因之一。

**实用主义：** 实用主义的创始人查尔斯·桑德斯·皮尔士说："语言或观念是由行动的结果所揭示的。"其认为概念因结果而改变。威廉·詹姆斯说："一切概念，只要能带来有用的结果，那它就是真理。"表示应当从有用性的角度来谈论真理。

**一句话总结**

**人类的知识不过是工具，**
**知识本身没有价值。**

第 5 章

现代哲学（第二部分）

20~21世纪

# 阿伦特

## ——在行动与言论里，人显现于世界

### ■ 劳动、工作与行动

## 阿伦特是谁？

**汉娜·阿伦特**

生活年代：1906年—1975年
主要活跃地：美国
分类：公共哲学
主要著作：《人的条件》《极权主义的起源》

出生于德国的当代思想家，流亡至美国后活跃于世，她分析极权主义，强调社会活动的重要性，是当代公共哲学的开创者。

如果是机器人的话，确实不可能累……但这不是机器人不机器人的问题。阿伦特想表达的是，活动有许多种类，从家务劳动到公司工作，甚至是社区活动，人的活动是各种各样的，每一种都有它自己的意义,所以应当思考“我们正在做什么”。对机器人来说，说不定也是这么一回事呢。

小川先生

# 行动
## 何谓符合人定义的生活方式

### 人的活动有三种

成为人的条件是什么？这便是阿伦特发出的问题，它的答案是劳动、工作，以及行动。

的确，人类就是活动，即便我们用这一个词来概括它，它还是会分好几种。

首先是劳动，它指如烹饪食物之类，是人的生命过程中所不可缺少的活动。与之相对应的，工作则是更有创造性的活动，在公司上班就基本符合这个定义范畴。

阿伦特的理论中最有趣的是进入行动的部分。它是一种类似社区活动或者政治活动的概念，即要在社会中生存下去，谁都必须在这个部分发挥作用。所以它也进入了“活动”里，最重要的是，“行动”也是成为人的条件之一。

### 多样的意见才是最重要的

根据阿伦特的观点，每一个人都是完全不同的存在，但我们只有邂逅到陌生人时才能意识到这一点。在平常的劳动或工作中，因为我们只会接触固定的人，所以就没有遇到不同之人的感觉。

这样一来，我们就变得不会去讨论，不讨论就不会思考事物。确实，每天只是与同样的人见面，重复着同样的活动，会渐渐变得不会思考了。只需要重复例行程序就好了。

我们真的可以将这样的人称作“人”吗？**人是一种彼此拥有独一无二的个性的存在，只有坚持自己的观点，人才能开始对社会做出贡献**。换言之，这样做才能够培育出公共性。

与阿伦特的观点针锋相对，极权主义的思想强迫所有人持有相同意见。为了对抗极权主义，阿伦特提倡公共性的意义。所以，她也被誉为公共哲学的开创者。

**极权主义：** 阿伦特说，因为阶级社会解体，大众社会到来，所以诞生了极权主义。大众社会里个人彼此分散，它是由对社会毫不关心的人群构成的集合体。如果人们自己不思考，凡事都任由他人决断，那么独裁者必然会登场。

**一句话总结**

**人应该通过工作以外的行动为公众性做贡献。**

第 5 章

现代哲学（第二部分）

20~21世纪

# 列维-斯特劳斯

## 每一种文明都倾向于高估其思想的客观性

## 从整体结构观察

阿豆

## 列维-斯特劳斯是谁？

**克洛德 · 列维-斯特劳斯**

生活年代：1908年—2009年
主要活跃地：法国
分类：结构主义
主要著作：《忧郁的热带》《野性的思维》

法国文化人类学者，通过田野调查确立了结构主义，批判过去充满偏见的欧美中心主义。

就算说从整体图来看就知道他变成了孔雀……也还是搞不明白他想做什么。不过，正如“只见树木，不见森林”，要是只看到一部分，比如，孔雀的喙或者腿，那就更难看出是什么动物了。列维-斯特劳斯便是主张这一观点的人物。他提出，要用整体结构来把握世界，不要用虫子的视角，要从鸟类的视角去俯瞰世界。

小川先生

# 结构主义、野性的思维

## 何谓观察整体的必要性

### “老封建”这一判断的错误

虽说可能有些突兀，但你怎么看待结婚对象被提前安排好了的社会？感觉像旧社会吧？没准你还想要痛斥一番：“老封建！都 21 世纪了……”

但这真的是老封建吗？

列维 - 斯特劳斯就是提出了这样一个问题的哲学家。起初，他是一位文化人类学者，所以他调研了当时未开化的社会，于是他发现了许多部落里有与表亲结婚的制度。列维 - 斯特劳斯最开始认为这是极其落后的，但当他调查了整体结构，他发现这是一种为了使民族存续而产生的制度。

因此他主张，仅仅依靠对一部分事实的把握便判断其落后的这种想法是错误的。这便是被称作结构主义的思想。

列维 - 斯特劳斯运用结构主义分析神话，他发现即便构成故事的元素被替换，但神话故事的框架仍旧都是一样的。于是，结构主义被当成分析事物的框架而广为利用，并且掀起了一场巨大的社会运动。

### 文明并非永远优越

列维 - 斯特劳斯在发现结构主义的过程中所察觉到的另一点，

是野性思维的韧性。

他说，所谓文明社会的科学思考，只是人们的行事方法不同，如果从整体结构来看，未开化社会的行事方法，应该是被称作野性思维的另一种思维方式。

他在《野性的思维》里举出的一个典型例子就是“修补术”。“修补术”一词的原文为 bricolage，意思是修补、凑合、拼装、干杂活等，是修补匠（bricoleur）的操作方法或者思维方式。

列维 - 斯特劳斯的意思是，修补匠的思维方式与部落居民的野性思维很像，修补匠凡事都喜欢自己做，而且会运用到手边可得的工具和材料完成工作，而部落居民遇到未曾经历的问题时，也不会像文明社会那样创造新概念，而是会重新拼装现有的方法以解决问题。

**简单来说，这就像是人闲下来时自己修修补补，并不需要设计图纸或者专业知识，而用现成的材料就能制作出自己需要的东西。**

**这种韧性是文明社会所欠缺的东西，所以理想状态是同时具备文明的思维和野性的思维。**列维 - 斯特劳斯没有说两种思想都是优越的，但我想，他一定想要这样表达。

**交错从表**[4]：一种让男性与其母舅一方的女性表亲婚配的习俗。对父系家族的男子来说，因为舅舅的女儿属于其他家族集团，所以有这种关系的男女结婚，就能持续地在不同的家族集团中进行人口资源的交换。

**一句话总结**

**着眼于全体结构，而非部分现象，就能看见本质。**

# 福柯——人是社会的顺从囚徒，自动被权力所规训

阿豆

## 监控摄像头

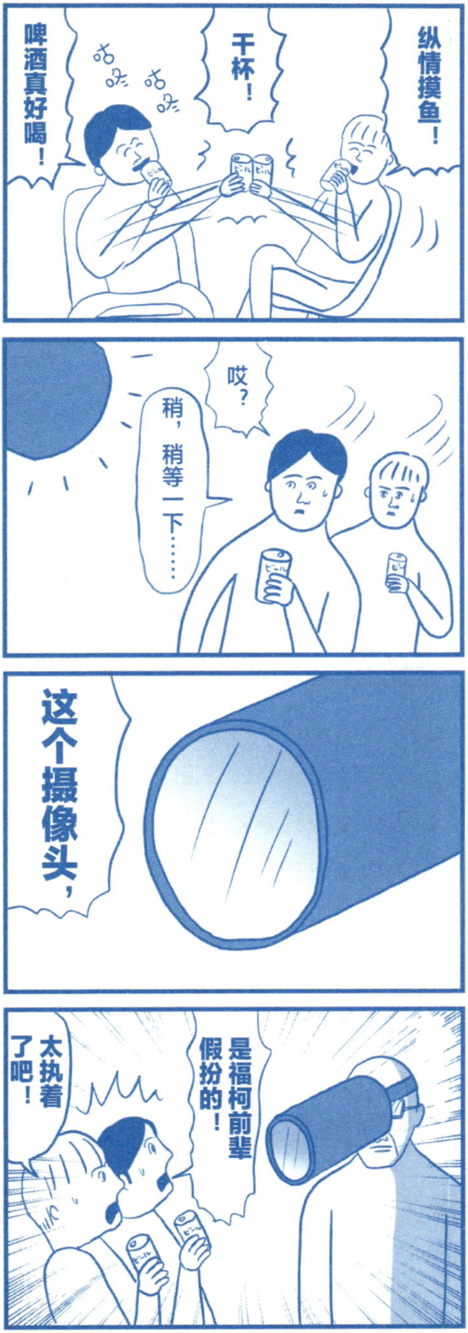


## 福柯是谁？

**米歇尔·福柯**

生活年代：1926年—1984年
主要活跃地：法国
分类：后结构主义
主要著作：《词与物》《规训与惩罚》

法国当代思想家，通过对监狱的分析深入考察权力机制。他批判性地继承了结构主义，开启了后结构主义。

现代社会已经进入了“摄像头时代”，所以我们不能做坏事，行为举止必须合乎规范。漫画表现了一种反讽，其实福柯不是监视社会的推动者，而是它的反对者。因为监视社会会夺走我们的自由。如果一切都受到监视，大家也会觉得非常憋屈难受吧？因为人类毕竟不是一种那么严肃认真的存在。

小川先生

# “全景敞视监狱”
## 何为社会的规训

### 现代社会是“全景敞视监狱”

哲学，就是对理所当然的事物发出疑问。我们可以说，福柯在当代社会里彻底贯彻了这一点。

例如，监视社会。现如今许多地方都设置了监控摄像头，虽然我们已然认为这是理所当然的，但它真的理所当然吗？

最初而言，监控社会的原型，似乎源自一种名为“环形监狱”的概念构想，它是英国思想家边沁所提出的，是一种能够更为有效地监视囚犯的机制。边沁称其为“一种新的监视形式，其力量之大是前所未见的”。根据福柯的理论，这种机制是监视社会的原型。

“全景敞视监狱”中间有一座瞭望塔，周围是犯人们单独的囚室。在这种机制下，犯人们虽然能始终被瞭望塔上的看守看见，却无法看见看守。因为犯人们会意识到监视的存在，所以他们会始终保持着被正确规训的生活，即便他们没有被监视。

这种监视者与被监视者之间的关系，一方完全服从于他方的不平衡，是权力的象征。

### 巧妙的权力运作

在近代社会，这种监视机制开始广泛应用于医院、学校、工厂等各种场所，因为它能很方便地促使人群认真工作。所以近代以前的权力被称作“死亡权力”，而近现代的权力被称作“生命权力”。

死亡权力，也称“君主权力”或“主权权力”。简单来说，福柯认为 18 世纪以前，权力对生命的影响展现为君主所拥有的生杀大权，其典型范例便是“酷刑”，但君主权力实际上是无力的，因为它会随着对象的死亡而失去控制力，而且没有办法更积极地控制生命，但随之产生的“规训权力”，以及进一步发展的“生命权力”能完全规训与控制生命。

福柯说，我们在学校等场景下受到的“遵守校规”“遵守时间”之类的训练，都是在为“生命权力”做贡献。

**我们在生活中不知不觉地就被权力规训。比如，近年来出现的基于人工智能的监控摄像网络，无论从哪一种角度来看，它都是一种权力运作的强化。**

所以在突然失去所有自由的某天之前，我们才更应该倾听福柯的观点。

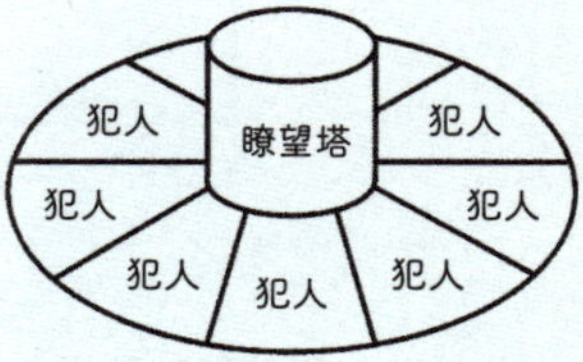


**“全景敞视监狱”示意图：**在瞭望塔的看守可以知晓所有犯人的行动，但犯人们对看守的行动一无所知。它可以将“可能在被监视”的意识内化于犯人的思想中，从而使他们自动服从。

**一句话总结**

**现代社会就像一座巧妙的监狱。**

第 5 章

现代哲学（第二部分）

20~21世纪

# 德里达

## 改善意味着解构

阿豆

### 劝你解构

## 德里达是谁？

**雅克·德里达**

生活年代：1930年—2004年
主要活跃地：法国
分类：后结构主义
主要著作：《论文字学》

法国当代思想家，后结构主义的代表，以解构概念重新审视西方哲学传统，创立了国际哲学学院。

用最简单的话概括德里达的主张，就是先将一切分解，然后重新合一。这叫作“解构”。之所以要分解，是因为原来的事物存在某种瓶颈或障碍。不过玩叠叠乐的时候，重新建构就失去意义了。所以，仅在重新建构有意义的情况下，解构才是一种有效的概念。

小川先生

# 解构

## 为何要重新建构

### 后结构主义的时代

德里达被誉为后结构主义的旗手，他是当代思想家里的代表人物，也是当代最重要亦最受争议的哲学家之一。他的作品迄今仍在欧洲大陆、南美和其他国家与地区的欧陆哲学中占主导地位，特别是在围绕本体论、认识论、伦理学、美学的学术界产生了重大影响。

一般认为，20 世纪下半叶是后现代思想蓬勃兴盛的时期，这一思想体系被称作后结构主义。

后结构主义的特征，就如同德里达所象征的那种“把一切都拆解掉”的氛围。而在近代之前，众人都理解要朝着同一个目标前进。

即便我们回顾哲学史，你也会发现古希腊拥有被称作城邦的共同体，而中世纪社会里每个人都在基督教之下共享思考，近代的人们也会在民族国家的框架下朝着共同的目标冲刺，就如同富国强兵成为彼时所有人始终如一的共同目标。

但在 20 世纪后半叶，因为社会个体开始变得分散，如同呼应这种风潮一般，分离拆解近代价值观的思想登上了舞台。德里达的解构就是其中之一。

解构反对结构主义，认为结构没有中心，结构也不是固定不变的，结构由一系列的差别组成。由于差别在变化，结构也跟随着变化，所以结构是不稳定和开放的。

## 先拆解成碎片，然后重建

**解构是一种敢于颠覆直到近代以来都被视作理所当然的主客体二分法思考、价值观，并重新建构的思想。**毕竟西方社会原本就以二分法看待东西方，并认为西方社会处于优越地位。

但两次世界大战之后，这种傲慢显而易见地招致了各种各样的问题，因此德里达认为有必要先将它拆解成碎片，用全新的价值观来重新建构社会价值观本身。

但是，因为叠叠乐堆不上去，感觉要塌了，就把它推散这件事，和解构没有任何关系。

不过推散重堆的话，叠叠乐就能堆得更高？道理也确实是这个道理吧……

**后结构主义：**以德里达、福柯、德勒兹等为代表的，结构主义之后的哲学总称。他们没有明确的共同理念，但可以在试图超越既往哲学观念中固定事物看法的态度上发现相似点。

**一句话总结**

**拆解已有事物的本质，**
**然后重新建构。**

第 5 章

现代哲学（第二部分）

20~21世纪

# 德勒兹

# ——块茎的任一点都能与其他任一点相连

## 要更新既往观念

## 德勒兹是谁?

**吉尔·德勒兹**

生活年代：1925年—1995年
主要活跃地：法国
分类：后结构主义
主要著作：《反俄狄浦斯》《千高原》

法国当代思想家，后结构主义的领军人物之一，通过与精神分析学家费利克斯·瓜塔里的合著，创造了全新的哲学概念。

虽然发型变得像外星人，但确实是焕然一新(笑)，没准过几年后还真的会流行起来呢。事物处在持续的变化过程中，发型或者时尚尤为如此。德勒兹是一位重视这种“形成”的哲学家，他自己也在持续地运用这种理论，将既往概念推陈出新。

小川先生

# 块茎、欲望机器
## 何谓灵活思维

### 从树状到块茎

德勒兹是一位着眼于事物发生及变化的哲学家。通常的思维方式是以原理、原则为中心，然后基于此进行逻辑思考。德勒兹将这种思维方式联想为粗壮的树干上伸出树枝的样子，并称其为树状。与之相对应的，他将一种更为动态、更为灵活的思维方式称作块茎。

**所谓块茎，是指马铃薯之类的作物，在土壤浅表层匍匐状蔓延生长的块状茎，是一种没有中心、没有开始、没有结束的形象。所以它不拘泥于一些原理、原则，而是能够自由思考。**并且德勒兹说，无论我们在哪里把块茎切断重连，它都会产出全新的事物。

德勒兹是 20 世纪下半叶后结构主义的代表人物之一，这正好是一个价值观不断变化、普遍追求灵活思考的时代，所以哲学也被要求更新至全新阶段，各种各样的新概念应时而生。

### 创造新概念

德勒兹站在这一时势的最前沿，他毫不犹豫地断言：哲学就是概念的创造。于是，在块茎之外，他还创造出了“欲望机器”“无器官的身体”等迷人的术语。

所谓欲望机器，并不是指通常概念里的机器，而是指创造自我的自我生产机制，它与我们的意志无关，类似这个世界的一种自行驱动的机制。

无器官身体则是指有机体的身体不受各个器官限制，作为整体实现欲望的状态。从某种意义上来说，它形象地表达了这样的含义——不要拘泥于部分存在，整体和部分的意义在不同的层面上。

德勒兹这种独具创意的思想怎么样？

嘿！请说它别出心裁、标新立异！

**“树状”示意：**其概念类似树木。在西方占据主导的思维方式是：“事物从一个主要源头分支出来，向一个方向发展。”

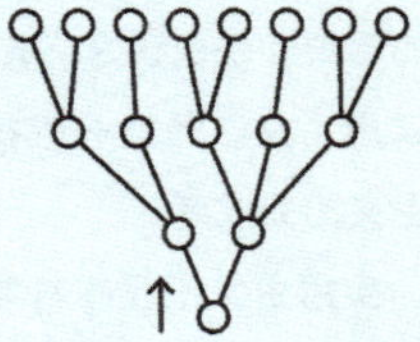

**“块茎”示意：**其概念类似地下的块茎，无始无终，向所有方向尽情扩展。这种思维方式不试图统一不同的想法（差异），而是承认并如实接纳差异。

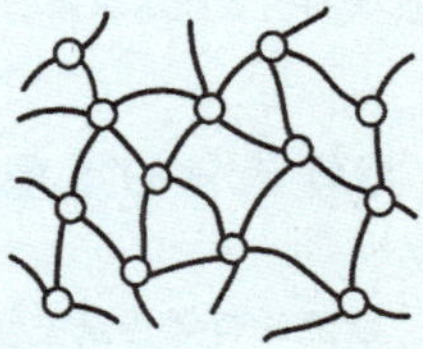

**一句话总结**

**让我们更灵活地思考，**
**创造全新的概念。**

专栏 5

# 创新、差异及变化
# ——从“二战”后到21世纪的哲学

## 美国在“二战”后的崛起

第二次世界大战结束后，活跃在美国哲学界的是被称为“公共哲学开创者”的阿伦特，可以说，她对极权主义做了总结。

同样在美国，另一种“非常美国化”的哲学也开始发展，用最简单的话说，便是认为“有效即正确”的实用主义，杜威一般被认为是实用主义的完成者。

实用主义不仅在哲学的世界大放异彩，在商业的世界里，它也可以说成为引发技术革新的原动力。

## 持续进化的后现代思想

欧洲的哲学传统发生了怎样的变化？它的革新以法国为中心展开。现代哲学也被称作现代思想，其中心便是法国现代思想。

以超越列维－斯特劳斯所创立的结构主义的形式，一些被归类为后结构主义的哲学家活跃在哲学的舞台上，他们是福柯、德里达、德勒兹等法国哲学家。

伴随着“差异”“变化”等关键词的提出和讨论，这些哲学家都提倡只有独立个体才值得赞美的思想，这与现代思想截然相反，所以因“现代之后”的含义被称为“后现代主义”。

虽然这本小书并未涉及，但在21世纪的今天，哲学依旧在持续发展进化。

它是什么？尚未定论。只有一点，可以断定：

它是这个混沌时代的象征物，因为哲学永远与时代共生。

**雅克·德里达**
1983年访问日本时，在东京麻布的日本国际之家。

1 In-der-Welt-sein，也是海德格尔哲学中一种非常重要的概念，因为这个词组里的每一个词都有特定的意指，所以有时也会译作“在—世界—中—存在”。简单而言，它指人的具体存在不可能从世界中走出来同世界面面相对，它总是处于这个世界之中。

2 这个问题也可以说成：“存在是什么？”“什么是‘是’？”因为海德格尔所说的“存在”（sein）一词在德语里实际上同时具备“是”与“有”的含义。

3 现代（modern）在历史分期意义上的定义或界限，确实因为历史观等差异有诸多看法，譬如，在英文语境中，近代哲学和现代哲学都可以称作 modern philosophy，但在中文语境里，一般会将笛卡尔至黑格尔的时代的哲学，称作“近代哲学”，将黑格尔的时代之后的哲学称为“现代哲学”。

4 在人类学的概念里，平行从表（parallel cousin）指父亲兄弟与母亲姐妹的子女（堂兄弟姐妹与姨表兄弟姐妹），交错从表（cross cousin）指父亲姐妹与母亲兄弟的子女（姑表兄弟姐妹与舅表兄弟姐妹）。在许多文化中，平行从表婚姻是不被允许的，但交错从表则是被鼓励的一种婚姻形式。

# 哲学一下就有好事发生

[日] 小川仁志 _ 著　[日] 阿豆 _ 绘　施明喆 _ 译

产品经理 _ 张幸　装帧设计 _ 向典雄　产品总监 _ 赵菁

技术编辑 _ 白咏明　责任印制 _ 刘淼　出品人 _ 王誉

果麦

www.guomai.cn

以 微 小 的 力 量 推 动 文 明

图书在版编目（CIP）数据

哲学一下就有好事发生 / (日) 小川仁志著 ; (日) 阿豆绘 ; 施明喆译. — 济南 : 山东文艺出版社, 2023.8

ISBN 978-7-5329-6924-1

Ⅰ. ①哲… Ⅱ. ①小… ②阿… ③施… Ⅲ. ①哲学史—世界—通俗读物 Ⅳ. ①B1-49

中国国家版本馆CIP数据核字（2023）第120339号

All rights reserved.
Zakkuriwakaru 8koma Tetusgaku
© 2022 Hitoshi Ogawa,mame,Asahi Shimbun Publications Inc.
Simplified Chinese translation rights arranged with Asahi Shimbun Publications Inc.through YOUBOOK AGENCY，China
本作品简体授权经由北京玉流文化传播有限责任公司版权代理独家授权。

著作权合同登记号：图字 15-2023-82

**哲学一下就有好事发生**

［日］小川仁志 著　［日］阿豆 绘　施明喆 译

---

**主管单位** 山东出版传媒股份有限公司
**出版发行** 山东文艺出版社
**社　　址** 山东省济南市英雄山路189号
**邮　　编** 250002
**网　　址** www.sdwypress.com

---

**读者服务** 0531-82098776（总编室）
0531-82098775（市场部）
**电子邮箱** sdwy@sdpress.com.cn

---

**印　　刷** 北京盛通印刷股份有限公司
**开　　本** 880mm × 1230mm 1/32
**印　　张** 5.25
**印　　数** 1—9,000
**字　　数** 50千
**版　　次** 2023年8月第1版
**印　　次** 2023年8月第1次印刷
**书　　号** ISBN 978-7-5329-6924-1
**定　　价** 42.00元

---

版权专有，侵权必究。